GÖTTINGER GEOGRAPHISCHE ABHANDLUNGEN

Herausgegeben vom Vorstand des Geographischen Instituts
der Universität Göttingen
Schriftleitung: Karl-Heinz Pörtge

Heft 114

Jörg Güßefeldt[†]

Die Raumwirtschaftstheorien von CHRISTALLER und LÖSCH aus der Sicht von Wirtschaftsgeographie und "New Economic Geography"

Mit 20 Abbildungen

2005

Verlag Erich Goltze GmbH & Co. KG, Göttingen
ISBN 3-88452-114-4

Inhaltsverzeichnis

	Vorwort	4
1.	**Einführung**	5
2.	**Zum Erklärungsbegriff**	8
3.	**Unterschiedliche Erkenntnisziele**	19
3.1	Zur Bifurkation der Wirtschaftsgeographien	20
3.2	Ziele der NEG	28
3.3	Eine wissenschaftliche Debatte in den deutschen Wirtschaftsgeographien um die NEG?	35
3.3.1	Zur "Enträumlichung der Region"	36
3.3.2	Probleme der Debattanden	38
3.4	Zwischenergebnisse	39
4.	**Christallers Erklärungsansatz**	44
4.1	Zum Markteintritt von Anbietern	48
5.	**Löschs Optimierungsansatz**	60
5.1	Die Theorie als Syllogismus	61
5.1.1	Gesetzmäßigkeiten und Ausgangsbedingungen	63
5.1.2	Die k-Werte	69
5.1.3	Die Konstruktion von Marktnetzen und ihre Rotation	73
5.2	Die Anwendung der Methodik zum Beleg der Ableitungen	80
5.3	Struktur, Funktion und Größenverteilung von Standorten	92
6.	**Schlussfolgerungen**	113
7.	**Zusammenfassung**	118
8.	**Literaturauswahl**	120
Anhang	Verzeichnis der Veröffentlichungen von J. Güßefeldt	125

Abbildungsverzeichnis

Abb. 2.1: Umgangssprachliche Erklärungen 9
Abb. 2.2: Eine wissenschaftliche Erklärung 10
Abb. 2.3: Grundprinzip einer Strukturierung 12
Abb. 2.4: Distanzfunktionen der beiden Prototypen 17
Abb. 3.1.1: Deutsche Wirtschaftsgeographien 22
Abb. 3.1.2: Zwei intellektuelle Landschaften 26
Abb. 3.2.1: Zum Informationsgehalt von Modellen 29
Abb. 3.2.2: Transportkosten im Sinne VON THÜNENS 33
Abb. 3.4.1: Verhältnis von Neoklassik und Wirtschaftsgeographie 40
Abb. 4.1: Ausgangspunkt der "Germanischen Geometrie" 45
Abb. 4.1.1: Totalkosten, Umsatz und Gewinn 50
Abb. 4.1.2: Entscheidungsrelevante Parameter für den Markteintritt 53
Abb. 4.1.3: Entscheidungsrelevante Parameter eines Konkurrenten 56
Abb. 5.1.1.1: Grundlegende Zusammenhänge 64
Abb. 5.1.1.2: Angebot und Nachfrage bei monopolistischer Konkurrenz 65
Abb. 5.1.1.3: Die räumliche Dimension der monopolistischen Konkurrenz 67
Abb. 5.1.2.1: Unterschiedliche Zuordnungen 70
Abb. 5.1.3.1: Alternative Marktnetze für das Angebot der Güterklasse k7 74
Abb. 5.1.3.2: Die Ausrichtung des $k = 13$ Netzes am $k = 7$ Netz 76
Abb. 5.2.1: Hierarchisches und nicht hierarchisches System 81
Abb. 5.2.2: Standortkoinzidenzen, "Ertragsgebirge" und "Verkehrsdichte" 85
Abb. 5.2.3: Umsatzgebirge und Kaufkraftströme 86
Abb. 5.2.4: Konzentrationskerne und Regionen 88
Abb. 5.2.5: Die Bildung von Städtebändern 90
Abb. 5.3.1: Mögliche Existenz von zwei hierarchischen Systemen 94
Abb. 5.3.2: Spezialisierte und multifunktionale Standorte 96
Abb. 5.3.3: Entwicklung eines "Criss-Cross-Pattern" 98
Abb. 5.3.4: Verlauf von Strömen zwischen Nachfragern und einem Produktionsort 99
Abb. 5.3.5: Empirische Größenverteilung US-amerikanischer Städte und drei Modellaussagen 104
Abb. 5.3.6: Größenverteilungen von Produktionsorten einer vollständigen Wirtschaftslandschaft ... 106
Abb. 5.3.7: Größenverteilungen ohne festen systembildenden Ort 107
Abb. 5.3.8: Normierte Größenverteilungen von Produktionsorten der modifizierten Wirtschaftslandschaft und US-amerikanischer Städte 111

Vorwort

Raumwirtschaftstheorien haben in der deutschen Wirtschaftsgeographie nach den wenigen Jahren, in denen sie als Forschungsansatz dominierten, schon ab Ende der 1970er Jahre wieder an Bedeutung verloren. Ins Blickfeld gerieten sie erneut in den 1990er Jahren mit der Formulierung und raschen Verbreitung der „new economic geography" durch Krugman, Fujita u.a sowie der Entwicklung alternativer, institutionenökonomischer Ansätze in der Wirtschaftsgeographie. Die provozierende Polemik Krugmans über die „germanische Geometrie" und die antiszientifische Position der relationalen Wirtschaftsgeographie waren für Jörg Güßefeldt ein ganz besonderer Antrieb, sich kritisch mit diesen Positionen auseinanderzusetzen. Dieses führte ihn zurück auf die Raumwirtschaftstheorien von Christaller und Lösch, und besonders auf zwei in der deutschen Wirtschaftsgeographie weitgehend in Vergessenheit geratene zentrale Bausteine dieser Theorien: die monopolistische Konkurrenz und die dynamischen Aussagen. Seine Analyse kommt zu Ergebnissen, die zum einen für die Raumwirtschaftstheorie aufzeigen, dass die Fortschritte der „new economic geography" gegenüber den „Klassikern" kritisch gesehen werden sollten und dass die theoretischen Potentiale der klassischen Theorien noch nicht ausgeschöpft worden sind. Sie verdeutlichen zum anderen, welche oberflächliche, scheinbar naiv-empiristische Kritik aus der Sicht von Geographen an den Raumwirtschaftstheorien zum Teil gepflegt wird.

Die Kritik der beiden neuen Strömungen war Jörg Güßefeldt ein wichtiges Anliegen, von dem er sich auch durch seine schwere Krankheit in den letzten Jahren nicht beeindrucken und ablenken ließ. Unter teils schwierigen gesundheitlichen Umständen hat er beharrlich daran gearbeitet, seine Kritik systematisch auszuarbeiten und exakt zu begründen. Das Resultat ist – neben früheren Aufsätzen - diese Abhandlung, die Jörg Güßefeldt noch kurz vor seinem Tod im Juni 2004 druckreif fertig gestellt hat, deren Veröffentlichung er aber nicht mehr zu Ende führen konnte. Seiner Bitte, diese Aufgabe zu übernehmen, bin ich gern nachgekommen. Dem Geographischen Institut ist zu danken, dass es die Schrift in die Reihe der Göttinger Geographischen Abhandlungen aufgenommen und den Druck finanziert hat.

Hans-Dieter von Frieling

Alle Theorien sind Hypothesen; alle können umgestoßen werden.
K.R. Popper 1973, S. 42.

1. Einführung

Spätestens bei einer ernsthaften Auseinandersetzung mit der "New Economic Geography" (im weiteren NEG abgekürzt) ist man gezwungen, sich nochmals mit den Theorien der Klassiker zu beschäftigen. Dabei muss man sogleich eine Identität der Ziele und Argumentation von LÖSCHS Raumwirtschaftstheorie und derjenigen der NEG feststellen. Lediglich die Wege beider unterscheiden sich. Während LÖSCH (1940, S. 63) meinte, geometrische Darstellungen seien anschaulich und ausreichend, seine Argumente auch in ihren Wirkungen darzulegen, wählen die Theoretiker der NEG mit derselben Begründung die Syntax der Analysis. Leider hatte LÖSCH mit seiner Vorstellung von Anschaulichkeit Unrecht. Niemand hat die Konsequenzen seiner "geometrischen Operationen" vollständig durchblickt, so dass alle diesbezüglich nur von "*städtearmen und – reichen Sektoren*" seiner Wirtschaftslandschaft berichten können, die er selbst (S. 79 ff.) herausfand. Hingegen sind die Voraussagen seiner Theorie über Konzentrationen, Cluster und räumliche Wellen vollkommen unbekannt.

Sowohl Wirtschaftsgeographen – gleich welcher Provenienz – als auch die Theoretiker der NEG zeichnen sich diesbezüglich alle durch dieselbe umfängliche Unkenntnis aus. Erstere sind jedoch sehr vorsichtig, denn sie reproduzieren seit sechs Jahrzehnten nur Nacherzählungen, mit denen man nicht wirklich daneben liegen kann, außer dass sie beständig falsch wiederholen, den Raumwirtschaftstheorien läge die Annahme vollkommener Konkurrenz zugrunde. Das moniert auch KRUGMAN (1998, S. 87): "*Central-place theory is viewed as a static neoclassical construct, when it is surely inconsistent with the neoclassical assumption of perfect competition and hard to imagine occurring except via a dynamic process.*" Allerdings belegt diese Äußerung auch, dass der Autor seine Kenntnisse der beiden Raumwirtschaftstheorien wohl kaum aus den Originalen, sondern vielmehr aus einer fehlerhaften Sekundärliteratur bezogen haben muss. Hingegen geht LÖSCH mit seinem expliziten Bezug auf CHAMBERLIN (1933) von monopolistischer Konkurrenz aus, während sie bei CHRISTALLER implizit zu unterstellen ist, wie man seinen und den Ausführungen von CHAMBERLIN (1933, S. 103, 112 u. 194 ff.) entnehmen kann. Die NEG-Theoretiker begehen in diesem Zusammenhang gleich zwei Kardinalfehler:

➔ Sie werfen die Theorien von CHRISTALLER und LÖSCH in einen Topf und tun so, als ob beide dasselbe wollten (FUJITA / KRUGMAN / VENABLES 2001, S. 26). Hingegen unterscheiden sie sich angefangen von den Annahmen bis hin zu den Zielen.

→ Sie haben die Ableitung des räumlichen Nachfragekegels aus der Mikrotheorie durch LÖSCH sowie die Konsequenz der Hexagonalstruktur nicht zur Kenntnis genommen (KRUGMAN 1998, S. 40) und versteigen sich gar zu der Behauptung, der Theorie von LÖSCH fehle der explizite mikrotheoretische Bezug (KRUGMAN 1998, S. 93). Es gibt aber keine andere Raumwirtschaftstheorie mit einer so prägnanten und stringenten Ableitung aus der CHAMBERLIN'SCHEN Mikrotheorie (1933), welche eine der Grundlagen des heutigen Mainstreams ist. Ähnliches gilt für CHRISTALLERS Theorie, nur teilt er seine diesbezüglichen Überlegungen zwischen Statik (S. 40 ff.) und Dynamik (S. 91 ff.) auf und macht sie an exemplarischen Fällen fest.

Die Vorwürfe gipfeln schließlich in der Behauptung von FUJITA / KRUGMAN / VENABLES (2001, S. 27), die zentralörtliche Theorie sei keine kausale Erklärung, sondern höchstens ein Klassifikationsschema, bestenfalls aber ein Deskriptionsschema. Das ist umso erstaunlicher, weil erst jüngst von FUNCK (2001) die LÖSCH'SCHE Theorie als Gleichungssystem vorgestellt worden ist und damit gezeigt wird, wie sie auch formal in die Neoklassik zu integrieren wäre. Dies ist m.E. deshalb für Wirtschaftsgeographen von Interesse, weil LÖSCH ein Raummodell verwendet, welches die Realität besser abbildet als dasjenige der NEG und für eine noch validere Abbildung der Wirklichkeit durch Einführung von Fahrzeiten etc. offen ist.

Für Wissenschaftler dürfte es kaum herbere Schläge geben, als dass ihnen vorgeworfen wird, ihre seit Jahrzehnten benutzten Erklärungen seien reine Beschreibungen. Da solche Äußerungen besonders lange Halbwertzeiten besitzen, ist an dieser Stelle die Möglichkeit einer argumentativen Auseinandersetzung zu ventilieren. Dabei wird davon ausgegangen, dass die NEG-Theoretiker ihre Marketing Kampagne des undifferenzierten Einschlagens auf unliebsame Konkurrenten im Jahr 2001 bereits beendet hatten, es also mögliche Gründe für eine derart verheerende Kritik an den Raumwirtschaftstheorien geben könnte. Deshalb werden im Weiteren die folgenden Aspekte näher durchleuchtet:

Es könnten verschiedene wissenschaftstheoretische Positionen dafür verantwortlich sein, dass Wirtschaftstheoretiker und Wirtschaftsgeographen darüber uneins sind, wie eine kausale Erklärung aussieht. Auch im sog. Positivismusstreit der 1970er Jahre prallten diesbezüglich unvereinbare Vorstellungen aufeinander. Nur wurde damals auf metatheoretischer Ebene debattiert und nicht in den Niederungen des undifferenzierten Meinens und Glaubens, wie sich heute die Ausfälle der NEG darbieten. Es gilt somit zu prüfen, ob sich die logischen Strukturen der Erklärungen von CHRISTALLER und LÖSCH von derjenigen V. THÜNENS unterscheiden, denn letztere wird von den NEG-Theoretikern ohne Einschränkungen akzeptiert. In Kap. 2 wird dieser Aspekt beleuchtet.

Außerdem besteht die Möglichkeit des grundsätzlichen Missverständnisses auf beiden Seiten, dass jeder vom anderen glaubt, er strebe annähernd ähnliche Erkenntnisziele an. Bei näherem Hinsehen zeigen sich jedoch fundamentale Unterschiede, die sich dennoch bei Zugrundelegung einer gemeinsamen wissenschaftstheoretischen Basis ausgleichen ließen, wenn beide Seiten den Willen dazu hätten. In Kap. 3 sind diesbezügliche Argumente zu finden.

In Anbetracht der eingangs aufgezeigten Defizite von Wirtschaftsgeographen im Hinblick auf den Aufbau der beiden Raumwirtschaftstheorien – vor allem ihre mikrotheoretische Grundlegung – und die Folgerungen aus ihnen, werden beide in den Kap. 4 und 5 erläutert. Dabei liegt das Schwergewicht auf der LÖSCHSCHEN Theorie, weil auf beiden Seiten diesbezüglich das Informationsdefizit am größten zu sein scheint.

> Die Erkenntnistheorie des Alltagsverstands ist in jeder Hinsicht völlig auf dem Holzweg.
> K.R. Popper 1973, S. 79.

2. Zum Erklärungsbegriff

Es scheint heute mehr denn je zuvor notwendig zu klären, was man genau mit dem Begriff Erklärung verbindet, nachdem selbst sonst veritable Fachkollegen ihre *"Alltagserfahrung"* um die *"Enträumlichung der Region"* bemühen (BAHRENBERG 2002). Da vermutlich außer ihm selbst niemand seine *"Alltagserfahrung"* kennt, denn es handelt sich um eine rein subjektive Erkenntnis, verstößt er im einfachsten Fall mit einer solchen Begründung gegen eines der wissenschaftlichen Prinzipien. Das scheint inzwischen keineswegs mehr ein individuelles oder fachliches Spezifikum zu sein, sondern zu einer allgemeinen Unart geworden zu sein. So hat beispielsweise der Senat der Universität Göttingen aus gegebenem Anlass am 5. Juni 2002 eine Verordnung zur *"Sicherung guter wissenschaftlicher Praxis"* erlassen. Nur Verwaltungsbüttel und Despoten können hoffen, mit derart unsäglichen Verfügungen eine Verbesserung herbeizuführen, wenn die wissenschaftliche Gemeinschaft sich – aus welchen Gründen auch immer – nicht mehr an die selbst entwickelten Prinzipien halten will oder kann. Z.B. ist einigen Universitäten die Kommerzialisierung aufoktroyiert worden, die sich in einer ungehemmten Maximierung individueller Geschäftserfolge niederschlagen muss, wenn niemand das Pareto-Optimum kennt und beherzigt. (Es muss also eine weitere Verordnung verfügt werden). Es könnte aber auch sein, dass altes Wissen, das "in diesen zahllosen dicken alten Büchern enthalten ist, die man doch unmöglich alle lesen könne", wie mir unlängst eine Studentin glaubhaft zu machen suchte, einfach verschüttet ist, weil es nicht im Internet zur Verfügung steht. (Eine Leseverordnung wäre also dringend angesagt etc. pp.).

Schon auf einer ersten Stufe der wissenschaftlichen Arbeit, der Beschreibung ihrer Problemstellung, müssen Grundprinzipien als zwingende Normen eingehalten werden. Wissenschaftler, gleich welche metatheoretische Position sie eingenommen haben, unterscheiden sich bspw. von Journalisten, die letztlich auch Probleme beschreiben, durch die strikte Einhaltung folgender vier Prinzipien:

1. Das Bemühen um **sprachliche Klarheit**. Hierbei ist besonders darauf hinzuweisen, daß in der Alltagssprache teilweise Worte und Begriffe in einer Bedeutung benutzt werden, die sich fundamental von der Wissenschaftssprache unterscheidet.

2. Die Mitteilung **präziser Handlungsanleitungen**, wie sie zu Ergebnissen gekommen sind, auch wenn diese nur aus beschreibenden Informationen bestehen.

Umgangssprachlich sind Antworten auf folgende Fragen Erklärungen, nicht aber in wissenschaftlichem Sinn. Jede Frage könnte mit "Erkläre mir,... " eingeleitet werden.

Was ist eine Stadt?	**Definition**: Eine große Siedlung.
Was ist auf dem Bild dargestellt? 	**Interpretation**: Eine Hohlform.
Welches ist der Einfluss der Beleuchtung? 	**Uminterpretation**: Eine Vollform.
Weshalb ist es ein schwarzweißes Bild?	**Korrektur**: Das Original ist farbig. 
Wie stellt man den Einfluss der Beleuchtung fest?	**Operationale Handlungsanleitung**: Zeichne die Beleuchtungsquelle ein.
Weshalb enthält diese Tabelle eine Aufzählung umgangssprachlicher Erklärungen?	**Moralische Rechtfertigung**: Um Ihnen das Verständnis von Wissenschaft zu erleichtern.
Weshalb wird aus A-Dorf nach B-Stadt gependelt?	**Singulärer Kausalsatz**: Weil A-Dorf im Pendlereinzugsbereich von B-Stadt liegt.

Abb. 2.1: Umgangssprachliche Erklärungen

3. Die Bereitschaft zur **rationalen Argumentation** ihrer vorgelegten Resultate.
4. Sie unterziehen sich einer **intersubjektiven Kontrolle**, wenn es um den Nachvollzug ihrer Ergebnisse geht. Gerade in diesem Punkt ist die Unterscheidung von Journalisten sehr deutlich, weil letztere nicht notwen-

digerweise auch ihre Informationsquellen preisgeben, was jedoch von Wissenschaftlern aus gutem Grund verlangt wird. Kommerzielle Forschung und Entwicklung nimmt diesbezüglich eine Sonderstellung ein.

Eine wissenschaftliche Erklärung ist:
"Die Anwendung von **Theorien** und **Gesetzen** auf **reale Sachverhalte**" (STEGMÜLLER, 1974)

&

Die Verknüpfungsregel lautet:
"Einen Vorgang kausal erklären heißt, einen Satz, der ihn beschreibt, aus Gesetzen und Randbedingungen deduktiv ableiten." (POPPER, 1973)

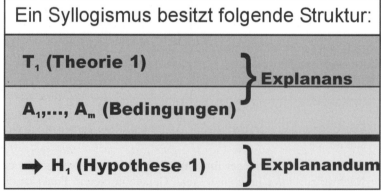

Abb. 2.2: Eine wissenschaftliche Erklärung

Hinsichtlich des Zwecks der Arbeit besteht vielleicht der deutlichste Unterschied zwischen Wissenschaftlern und Journalisten. Während Erstere immer das Ziel verfolgen, Bausteine von kausalen Erklärungen zu erarbeiten, die man sehr wohl mit "Wissen schaffen", "Suche nach Ordnung", "Forschungsprogramme" oder als "Prozess der Theoriebildung" umschreiben kann, kommt es letzteren darauf an, Informationen und Meinungen zu vermitteln. In der Alltagssprache bezeichnet man dies ebenfalls unglücklicherweise häufig genug als eine "Erklärung abgeben" (Abb. 2.1), jedoch wollen wir mit STEGMÜLLER (1974, S. 75) die *"wissenschaftliche Erklärung als den Prototyp der Anwendung von Gesetzen und Theorien auf konkrete Situationen"* verstehen, womit ein direkter Zusammenhang zu BARTELS (1970, S. 14) herzustellen ist.

Gegenüber der alltagssprachlichen Verwendung gibt eine wissenschaftliche Erklärung Antworten darauf, warum eine oder mehrere Ursachen gewirkt haben und ein beschriebener Tatbestand eingetreten ist bzw. ein dargestellter Sachverhalt vorliegt, d.h. sie beantwortet Warum-Fragen. Wir wissen zwar schon, daß sie eine "Anwendung von Gesetzen und Theorien auf konkrete Situationen" nach Auffassung der analytischen Wissenschaftstheorie ist, kennen aber noch nicht die Verknüpfungsregel zwischen Theorie und beobachtetem (gemessenem) Phänomen, der "konkreten Situation". Diese Regel ist m.E. am prägnantesten von POPPER (1973, S. 31) formuliert worden und lautet: *"Einen Vorgang kausal erklären heißt, einen Satz, der ihn beschreibt, aus Gesetzen und Randbedingungen deduktiv ableiten"*.

Jede **kausale Erklärung** ist eine logisch deduktive Schlussfolgerung, die aus drei Arten von Sätzen aufgebaut ist (Abb. 2.2). Die allgemeingültigen Aussagen (= Gesetze, Theorien, Gesetzmäßigkeiten) geben die Ursachen für das zu erklärende Ereignis im Explanans an. Die Ausgangsbedingungen sind Festlegungen in Bezug auf den zu erklärenden Sachverhalt und stellen die speziellen Sätze des Explanans dar. Das Explanandum beschreibt den zu erklärenden Vorgang. Es ist eine Aussage über mindestens eine empirisch gültige Relation in Form einer Hypothese. Nur wenn sie widerspruchsfrei aus dem Explanans folgt, ist die Erklärung logisch wahr. Einen empirischen Gehalt besitzt sie nur dann, wenn die Ausgangsbedingungen auch Bindeglieder zwischen den theoretischen Begriffen der Gesetze und den empirisch gültigen des Explanandums darstellen. Komplexe theoretische Begriffe sind in der Regel nicht direkt messbar, weshalb zu ihrer Operationalisierung Indikatoren verwendet werden. Ihre Beschreibung und die Begründung ihrer Auswahl gehören zu den speziellen Sätzen von Erklärungen. Der Erklärungsversuch gilt erst als empirisch bewährt, wenn er an der Wirklichkeit getestet wurde. Je mehr und je strengere derartige Prüfungen der Syllogismus überlebt hat, desto bewährter ist er. Es sei betont, dass hier nicht dem reinen Falsifikationismus POPPERSCHER Provenienz infolge seiner Basis- bzw. Beobachtungssatzprobleme gehuldigt wird. Die Frage, auf welche Weise ein Erkenntnisfortschritt erreicht wird, steht jetzt nämlich nicht zur Debatte.

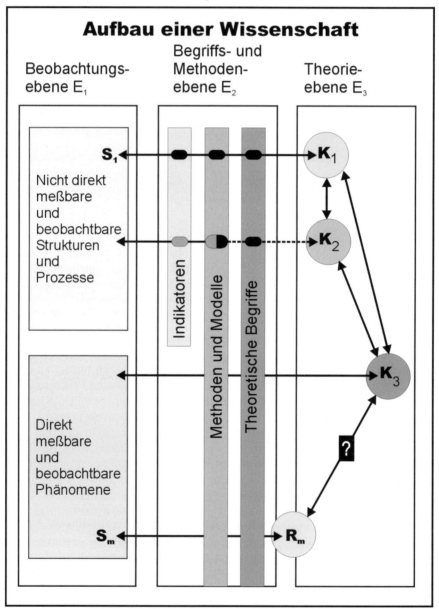

Abb. 2.3: Grundprinzip einer Strukturierung

Aus dem Bisherigen lässt sich eine Struktur von Wissenschaft auf drei Ebenen ableiten, die in sich jeweils einen Zusammenhang aufweisen und zwischen denen Verknüpfungen hergestellt werden (Abb. 2.3). Ähnlich den drei Welten POPPERS (1973, S. 172 ff.) kann man die Kategorie Wissenschaft in die Bereiche der Beobachtung oder Beschreibung von Ausschnitten der Wirklichkeit, der Begriffe sowie Methoden und der Theorien gliedern. In Wissenschaften mit empirischem Bezug wie der Wirtschaftsgeographie gibt es zwischen den drei Ebenen direkte Verbindungen. So wurde beispielsweise von CHRISTALLER (1933) aus dem neoklassischen Theorem des Gleichgewichts zwischen Angebot und Nachfrage seine zentralörtliche Theorie abgeleitet. Die theoretischen Begriffe etwa wie zentrale Güter, Zentralität usw. wurden von ihm operationalisiert, eine Methode zur Messung vorgeschlagen, d.h. ein Modell zur Anwendung auf einen Indikator entwickelt, eine Berechnung für süddeutsche Orte durchgeführt und schließlich deren Ergebnis mit der tatsächlichen Lagebeziehung, Anzahl und Größe der Orte verglichen. Weiter unten wird darauf noch zurückgekommen. Sein Modell verknüpft direkt mit Hilfe eines Indikators reale Entitäten einerseits über die theoretischen Begriffe mit den theoretischen Entitäten andererseits. D.h. wenn der Indikatorwert eines konkreten geographischen Standortes in sein Modell eingesetzt wird, liefert es die Zentralität genau dieses Ortes. In Abb. 2.3 wird diese Relation durch den Pfeil von K_1 auf der Theorieebene über die Schnittstellen auf der Begriffs- und Methodenebene bis zu S_1 auf der Beobachtungsebene angedeutet.

In "jungen" Wissenschaften findet man auf der Theorieebene noch isolierte Erklärungsansätze, zwischen denen erst im Laufe der weiteren Entwicklung Beziehungen entdeckt werden. Sie können manchmal dazu führen, daß Erklärungen vollständig von anderen abgelöst werden. In empirisch arbeitenden Wissenschaften gibt es immer wieder beobachtete (gemessene) Regelmäßigkeiten (R_m), für die noch keine Erklärungsansätze existieren und die deshalb versuchsweise mit vorhandenen theoretischen Konstrukten in Verbindung gebracht werden. Dabei sind Wissenschaftler selbst vor sehr groben Analogien nicht zurückgeschreckt, wie man den ursprünglichen Konstrukten etwa der Sozialphysik, Sozialökologie und vielen anderen entnehmen kann, die heute vielfach nur noch von wissenschaftsgeschichtlichem Interesse sind. Weniger spektakuläre Analogien wie die mechanische Bifurkation, die biologische Evolution, Potenziale usw. erfreuen sich immer noch großer Beliebtheit.

Bevor man mich völliger Naivität zeiht, sei hervorgehoben, dass es im Rahmen der verfolgten Fragestellung genügt, die Grundprinzipien einer möglichen Strukturierung einer Wissenschaft aufzuzeigen. Selbst wenn man jetzt alle bekannten philosophischen, erkenntnistheoretischen und logischen Probleme zu dieser Grundstruktur hinzufügt, ändert das nichts an der Tatsache wie CHRISTALLER und viele andere Wirtschaftsgeographen versucht haben, die von ihnen betrachteten Ausschnitte der Realität zu erklären. Damit wird nicht behauptet, alle

Wirtschaftsgeographen oder gar alle anderen Wissenschaftler gingen auf dieselbe Weise vor. Ganz im Gegenteil, in Punkt eins der Zielsetzung dieses Beitrags ist ja bereits eine andere Vermutung ausgesprochen worden. CHRISTALLERS Theorie steht hier nur als Prototyp, weil sie sehr bekannt ist, wohingegen eine formale Darstellung zwar allgemeiner aussehen würde, aber die Gefahr mit sich brächte, nicht verstanden zu werden. Wie man Abb. 2.3 weiter entnehmen kann, bestehen zwischen K_1 und zwei weiteren theoretischen Konstrukten auf der Theorieebene Relationen. In diesem Fall könnte man unter K_2 die neoklassische Theorie verstehen, aus der er seine Idee der räumlichen Optimalität, des räumlichen Gleichgewichts von Angebot und Nachfrage sowie der Effizienz (Preisbildung, Substitution, Elastizität) ableitete. Unter K_3 kann man sich die mathematische Theorie vorstellen, die er benutzte, um sein formales Modell zur Berechnung der Zentralität zu entwickeln. Beide Theorieklassen weisen auch ihrerseits Relationen zu den beiden anderen Ebenen auf, die aber von anderer Art sein können als diejenigen von K_1.

Setzt man jetzt auf der Theorieebene an die Stelle von einfachen Symbolen einen Syllogismus aus Abb. 2.2 ein, so wird die Grundstruktur einer Wissenschaft schon sehr viel komplexer. Ebenso kann man mit den einzelnen Elementen auf den anderen Ebenen verfahren, woraus man dann ein System ablesen kann, welches aus drei Subsystemen zusammengesetzt ist, die wiederum durch Elemente und deren Relationen in weitere Subsysteme zu strukturieren sind. Bevor nun der Verdacht aufkommt, hier sei ein reiner Empirist am Werke gewesen, sei verdeutlicht, dass E_1 zwar unabhängig von E_2 und E_3 existiert, ihre Strukturierung aber weitgehend von derjenigen der beiden Letztgenannten abhängig ist. Menschen sind nur in der Lage, die realen Systeme S_i zu erfassen – also aus der Vielfalt miteinander in Beziehung stehender Systeme wahrzunehmen und herauszulösen –, wenn sie über entsprechende Methoden (Instrumente) und das zugehörige Wissen (Theorien) verfügen. [Der neuerdings zu verzeichnende Rückzug von Humangeographen in Kategorien von Space und Place sagt also viel über die intellektuellen Anstrengungen ihrer Vertreter aus.] Bedenkt man die mögliche Falschheit der Beobachtungssätze und Theorieaussagen, ergeben sich daraus zahllose Probleme der Erkenntnistheoretiker, vor allem worin eigentlich wissenschaftlicher Fortschritt bestehen könnte. Darüber wird seit vier Jahrzehnten nach dem Auftreten von KUHN (1962) unter ihnen debattiert, nicht aber über die Struktur einer Erklärung. Für praktisch arbeitende Wissenschaftler hat das kaum Konsequenzen, außer dass jetzt häufiger Revoluzzer, wie unlängst die Enträumlicher, auf den Plan treten und kontraproduktive Diskussionen erzwingen. Die realen Systeme und die sie konstituierenden Gesetzmäßigkeiten bleiben von allem vollkommen unberührt. Vor diesem Hintergrund sollte man den Schluss ziehen, dass die oben gezeichnete Relation zwischen K_1 und S_1 nicht eindeutig sein muss, wie sie dem ersten Anschein nach glauben macht.

Von der eben geschilderten Herangehensweise des ersten Prototyps unterscheidet sich diejenige des zweiten Prototyps in einigen Punkten ganz beträchtlich. Ihn finden wir in allen Naturwissenschaften, die Experimente betreiben, und solchen Wissenschaften, in deren Erklärungsstrukturen Modelle die Aufgaben der experimentellen Laborapparaturen übernehmen. Mit ihrer Hilfe werden unsichtbare und nicht messbare Eigenschaften realer Entitäten und Systeme von Menschen so nachgebaut, dass die gesuchten Prozesse sichtbar werden und dann als Beleg für die Gültigkeit der Theorien anzuführen sind. Diese aufwendigere Herangehensweise ist auch deshalb erforderlich, weil Entitäten Elemente verschiedener realer Systeme sein können, also ganz unterschiedlichen Ursachen ausgesetzt sind, als nur denjenigen, die es zu belegen gilt. Betrachtet man den Kauf einer Flasche Mineralwasser, so muss man feststellen, dass der Vorgang gleichzeitig wahrscheinlich u.a. eine ökonomische, natürliche, psychische, soziale, technische und geographische Komponente besitzen kann, durch die er ursächlich beeinflusst wird. Es wundert somit nicht, dass Theoretiker der Ökonomie, insbesondere der Neoklassik, zusätzlich Modelle verwenden, mit denen sie die unerwünschten Ursachen unterdrücken und die gesuchten herausfiltern. Man sollte deshalb in Abb. 2.3 mit dem Begriff Modell nicht nur Beschreibungsmöglichkeiten verbinden, wie sie für den ersten Prototyp vielleicht zu sehr betont worden sind, sondern in ihnen ebenso analytische Werkzeuge sehen. Auch das CHRISTALLER'SCHE Berechnungsmodell von Zentralität bietet noch ein gewisses Maß an Analytik.

Weitaus stärkere Unterschiede zwischen den beiden Prototypen lassen sich auf der Theorieebene ausmachen. So werden in neoklassischen Theorien zunehmend häufiger nur noch formale Aussagen gemacht [, woraus sich für Humangeographen, welche die vier Grundrechenarten zum tacit knowledge erklärt haben, Sprachprobleme resultieren]. Dabei wählen die Theoretiker solche Eigenschaften für ihre Sätze aus, die sie idealen Entitäten und Systemen zuschreiben. Außerdem integrieren sie unter demselben Gesichtspunkt Verhaltensgleichungen der für sie evidenten Prozesse in ihre theoretischen Systeme. Eingedenk der geschilderten Fremdeinflüsse schon bei einer so einfachen wirtschaftlichen Handlung wie dem Mineralwasserkauf, muss es daher nicht verwundern, dass Theoretiker sich beim Aufbau ihrer Systeme weniger an der reinen Realität orientieren als vielmehr an den logischen Prinzipien des Homo oeconomicus. Eine direkte Verknüpfung der theoretischen Aussagesysteme kann infolge der multikausalen Abhängigkeit der Entscheidungen von Wirtschaftssubjekten nicht vorgenommen werden. Somit bleibt nur die Möglichkeit, Relationen zwischen theoretischen Aussagen und denjenigen ökonometrischer Modelle herzustellen. Sie werden in der Regel mittels entsprechender Interpretationen der Modellparameter durch die Modellanwender geknüpft. Die formalen Theorieaussagen sind meistens nicht direkt auf Messwerte oder Indikatoren realer Systeme anwendbar, weshalb in Abb. 2.3 die zugehörige Relation zwischen E_3 und E_1 zweigeteilt eingezeichnet wurde. Zwei typische Beispiele dafür im Rahmen der NEG sind die Arbeiten von FINGLETON (1999) und LIMÃO / VENABLES (2001).

Damit wird nun ein weiterer Unterschied zwischen den beiden Prototypen von Theorien deutlich. Während der erste von ihnen dann empirisch falsifizierbar wäre, wenn man über fehlerfreie Beobachtungssätze verfügen würde, ist der zweite Prototyp gegen eine empirische Falsifikation vollkommen immun. Im Grunde trifft das auch auf den Teil von CHRISTALLERS theoretischem Aussagesystem zu, welches er aus dem rationalen Verhalten des Homo oeconomicus abgeleitet hat. Bei der Einführung der räumlichen Dimension im Zusammenhang mit seiner Reichweitenhypothese verlässt er diese ideale Basis, indem er die *"subjektive wirtschaftliche Entfernung"* einführt: *"Somit müssen wir bei den Einflüssen der Entfernung auf die Reichweite eines zentralen Gutes mit einem durchaus subjektiven Element rechnen"* (1933, S. 56). Genau dadurch wird seine Erklärung empirisch falsifizierbar. Hätte er hingegen den unbefleckten Homo oeconomicus auf Versorgungsfahrten geschickt, wäre nur die objektive wirtschaftliche Distanz relevant gewesen. So jedoch schickt er Menschen auf eine *"angenehme Fahrt"* ins Kino oder einen *"unangenehmen Gang"* zum Zahnarzt usw., die aber sonst ökonomisch rational handeln.

In diesem Punkt unterscheidet sich CHRISTALLERS theoretisches Aussagesystem von denjenigen LÖSCHS und V. THÜNENS. Die beiden Letzteren konstruieren mit ihren Syllogismen keine allgemeinen Erklärungen, sondern Optima, wie sie in der Neoklassik üblich sind. Dadurch wird die Struktur der Syllogismen nicht grundsätzlich verändert, sondern nur modifiziert. Bei CHRISTALLER steht als Theorie 1 (Abb. 2.2) $G_N[d(a|r)]$, was zu lesen ist: Eine Gesetzmäßigkeit der Nachfrage in Abhängigkeit der Raumüberwindungskosten des animal spirituale et physicale, gegeben die sonstigen rationalen Entscheidungsgründe. Fällt a fort, weil nur noch der Homo oeconomicus betrachtet wird, kann r vor die Klammer gezogen werden, so dass die Gesetzmäßigkeit in ein Optimum transformiert wird: $O_N(d)$. In dem Syllogismus V. THÜNENS symbolisiert N selbstverständlich nicht die Nachfrage, sondern die landwirtschaftliche Nutzung des Bodens.

Der Unterschied der beiden Prototypen in diesem Punkt lässt sich einfach visualisieren (Abb. 2.4). CHRISTALLER räumt jedem Nachfrager eine subjektive Distanzfunktion ein. Dadurch würden sich bei der weiteren Ableitung im Extremfall so viele zentralörtliche Systeme ergeben, wie Nachfrager vorhanden sind. Deshalb kann er in diesem Schritt nur eine mittlere Funktion verwenden, die in Abb. 2.4 als $\bar{G}_N$ eingezeichnet ist. Die Einzelnachfrage streut um sie, wie die Punkte andeuten. Demgegenüber existiert für den zweiten Prototyp nur eine optimale Distanzfunktion O_N, auf der exakt jede Einzelnachfrage liegen würde, weshalb sie nicht eingezeichnet worden ist.

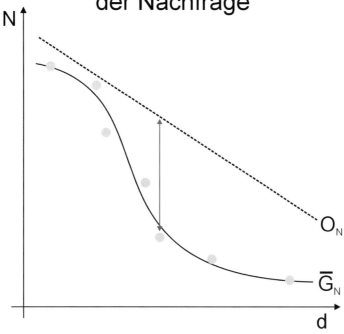

Abb. 2.4: Distanzfunktionen der beiden Prototypen

Damit wird nun eine Unterscheidung auf metatheoretischer Ebene ermöglicht. Während der erste Prototyp eine mittlere Struktur eines realen Systems erklärt, bietet der zweite Prototyp eine Erklärung für ein reales System unter optimalen Bedingungen. Die sich daraus ergebenden Konsequenzen sind weitreichend: Stimmen empirische Beobachtung und theoretischer Erwartungswert nicht überein, stellt sich im ersten Fall die Frage, welche Gründe es dafür geben könnte und letztlich, ob der Erklärungsversuch nicht falsch sein könnte. Demgegenüber sagt im zweiten Fall eine Differenz der beiden Werte etwas über das Ausmaß der notwendigen Strukturveränderung des realen Systems, um das Optimum zu erreichen. Das deutet der senkrechte Pfeil in Abb. 2.4 an. Selbstverständlich ist auch jetzt die Frage nach den Gründen der Diskrepanz zu stellen, bevor eine sinnvolle Änderung vorgeschlagen werden kann. Der Erklärungsgehalt des zweiten Prototyps könnte nunmehr durch eine Maßzahl im Bereich 0 bis 1 ausgedrückt werden, wenn man das wollte. Jedenfalls kann man z.B. aus zwei orthogonalen Funktionen erkennen, dass O_N keinen Erklärungsbeitrag der Struktur des realen Systems leistet, was m.E. eher als das unwahrscheinliche Ereignis anzusehen ist.

Das bisher Gesagte bietet somit

- ➔ einen konkreten Anhaltspunkt dafür, wie der Homo sociale in sonst neoklassische Theoreme zu integrieren ist und
- ➔ weshalb es falsch ist, von einer Identität der Raumwirtschaftstheorien CHRISTALLERS und LÖSCHS zu sprechen.
- ➔ LÖSCH erarbeitet ebenso wie V. THÜNEN die Grundzüge einer optimalen Wirtschaftslandschaft, so dass er sich in seiner Zielsetzung durch nichts von derjenigen der NEG unterscheidet. Nur seine methodischen Wege und die räumliche Auflösung seiner Aussagen sind von der NEG verschieden.

Unter wissenschaftstheoretischen Gesichtspunkten lassen sich somit keine Kriterien entdecken, die das vernichtende Urteil der NEG-Theoretiker stützen, wenn man optimalen Konstruktionen einen Erklärungsgehalt nicht völlig abspricht.

> Die Wahrheit finden wollen ist Verdienst, wenn
> man auch auf dem Wege irrt.
> G.C. LICHTENBERG [L 419] 1798.

3. Unterschiedliche Erkenntnisziele

Seit KRUGMAN 1991 eine Zusammenfassung einiger seiner Aufsätze und Vorträge unter dem Titel "Geography and Trade" veröffentlicht hat, treten zunehmend häufiger immer mehr Ökonomen mit Beiträgen zur "New Economic Geography" in Erscheinung. Was ist eigentlich "New" an dieser Economic Geography? Bei der Beantwortung dieser Frage muss man zwischen theoretischen, räumlichen und methodischen Aspekten unterscheiden.

Auf dem Gebiet der Theorie hat die NEG nur marginale Neuigkeiten zu bieten (vgl. RUIZ 2001), greift sie doch nur Ideen auf, die seit Jahrzehnten bekannt sind: "*Unvollkommene Märkte*" (*imperfect competition*, ROBINSON, 1933), "*monopolistische Konkurrenz*" (*monopolistic competition*, CHAMBERLIN, 1933), "*increasing returns*" ("*Sondergewinne*", LÖSCH, 1940), "*agglomeration*" (*Agglomerations- und Deglomerationseffekte*, A. WEBER, 1909 oder A. MARSHALL, 1890) etc. Letztere werden aber z.T. als endogene Größen integriert, was tatsächlich neu scheint.

Alle Theoreme werden durch die Eisbergfunktion in einen räumlichen Kontext gestellt. Sie hat ihren Ursprung in der Raumwirtschaftstheorie J.H. v. THÜNENS (1875, S. 37): "*Wird nun aus so sehr entfernten Gegenden Korn nach der Stadt gefahren, daß das Zugvieh während der Reise die eine Hälfte der Ladung oder deren Werth selbst verzehrt, und nur die andere Hälfte zum Verkauf und zur Konsumtion nach der Stadt gelangt: so ist es sehr begreiflich, daß man auf dem Lande mit 2 Schfl. Rocken nicht mehr Geld erkaufen kann, als mit einem Scheffel in der Stadt.*" Niemand wird behaupten wollen, dieser Aspekt sei neu, sondern neu ist allenfalls die rückschrittliche Auffassung, dass Transportkosten eine exogene Einflussgröße darstellen. Die Formulierung v. THÜNENS legt doch schon das Gegenteil nahe.

Neu hingegen sind die mathematischen Modellierungen der Theoreme, die erstmals ihre lückenlose Integration in das Ein-Punkt-Theoriengebäude der Neoklassik ermöglichen. In diesem Zusammenhang ist die Frage zu ventilieren, welche "Kosten" das verursacht. Damit sind weder KRUGMANS intellektuelle Demütigungen empirisch arbeitender Wissenschaftler durch schlichte Ignoranz gemeint noch seine Horizonteinschränkung, nur mathematische Modelle in Theoriedebatten zu akzeptieren (1998a, S. 67 ff.). Zumindest Letzteres müssten die Ökonomen unter sich diskutieren. Vielmehr ist von Seiten der Geographie die Abbildungsqualität des geographischen Raumes in den NEG-Modellen zu erörtern. Es sei denn, mittlerweile bestünde ein allgemeiner Konsens über die Notwendigkeit der Enträumlichung, was zweifellos leichter wäre, als sich mit komplizierten Modellen des geographischen Raumes herumzuplagen.

Obwohl seit mehr als einer Dekade Mitglieder einer Nachbarwissenschaft ihre quantitativen Modelle unter dem Label Geographie vermarkten, herrscht in den Reihen der Geographen nichts als Stillschweigen. Die wissenschaftliche Spaßgesellschaft demonstriert eine Schwejkiade par excellence: *"Stell Dir vor, es wäre Krieg und niemand ginge hin".* Doch halt, da gibt es ja noch die Wirtschaftsgeographen, jene *"irregeleiteten"* Bindestrichgeographen, die wie weiland das "Häuflein der sieben Aufrechten" immer noch die Flagge des Theoriebewusstseins hochhalten, obwohl sie damit signalisieren könnten, das falsche Meta-Märchen zu erzählen. Hier ist darüber zu debattieren, wie sie auf den Versuch der feindlichen Übernahme reagiert haben. Eine Beschäftigung mit der Argumentation fördert z.T. Erstaunliches ans Tageslicht.

Bereits hier sei eines betont: mir liegt es fern, mit meinen Ausführungen gefallen zu wollen! Vielmehr möchte ich reizen, nein, provozieren, sich an einer solchen Debatte zu beteiligen. Nur dann könnte sich letztendlich wissenschaftlicher Fortschritt einstellen. Bis zum Sommer 2003 sind mir sechs deutschsprachige Arbeiten bekannt geworden, in denen auf die NEG eingegangen wird, meine eigenen (GÜßEFELDT 2001, 2002, 2003) nicht mitgerechnet. Ein Austausch von Argumenten zwischen den Debattanden hat bisher gar nicht stattgefunden.

3.1 Zur Bifurkation der Wirtschaftsgeographien

In ihrem Vorwort zur Publikation einiger Vorträge des Symposiums zur Wirtschaftsgeographie in Rauischholzhausen im Jahr 2001 schreiben GIESE/MOßIG (2002, S. 1), dass jede *"Forschergeneration"* einen Paradigmenwechsel bedeutet, der sich momentan beinahe überall etabliere und weiter: "*Vor diesem Hintergrund **eines sich vollziehenden Ablösungsprozesses** (Hervorhebung J.G.) des raumwissenschaftlichen Ansatzes durch einen sozialwissenschaftlichen Ansatz der Wirtschaftsgeographie (J.G.) fand eine lebhafte Debatte um den 'richtigen Weg' statt,...*" Diese Sicht der Dinge erscheint mir, mit Verlaub gesagt, ein wenig zu blauäugig. Würde tatsächlich jede Generation das Rad neu erfinden, bedeutete das entweder wissenschaftlichen Stillstand, wenn damit verbunden wäre, altes Wissen über Bord zu werfen, oder wissenschaftliches Chaos, weil sich der biologische Generationenwechsel niemals zeitgleich oder auch nur in einem so engen Zeitfenster wie augenblicklich in Deutschland vollzieht. Hinsichtlich des Themas meinen die Äußerungen, die Autoren lassen die interessierte Öffentlichkeit nur indirekt an ihren Gedanken zur NEG partizipieren, indem sie sich über sie ausschweigen, aber eine konkurrierende Richtung pushen.

Wirtschaftsgeographie, repräsentiert durch ihre Mitglieder, ist keine homogene wissenschaftliche Disziplin, sondern

→ ein institutionell organisiertes Fachgebiet,

➔ mit a priori sehr unterschiedlichen, ja, divergierenden Erkenntniszielen und somit auch Methoden,

➔ die obendrein zwischen verschiedenen wissenschaftlichen Traditionsregionen variieren, die GALTUNG (1983) als intellektuelle Subzivilisationen bezeichnet.

Im Weiteren wird schwerpunktmäßig auf Verhältnisse in Deutschland bzw. die GALTUNG'SCHE teutonische Subzivilisation fokussiert, jedoch muss hin und wieder ein Blick über den eigenen Tellerrand nach Saxonien geworfen werden. Dabei wird kein inhaltlicher Vergleich der Debatten angestrebt, sondern es sollen nur selektiv einige Ideen wiedergegeben werden, die hiesige Beiträge beeinflusst haben könnten, was umgekehrt wegen der Sprachbarriere kaum passieren kann. In Teutonien gehören Mitglieder der Wirtschaftsgeographie der Geographie (und)/oder den Wirtschaftswissenschaften an. Allein diese verschiedenartigen Zugehörigkeiten bewirken Unterschiede der fachlichen Interessen, die nicht zuletzt aus höchst unterschiedlichen Anregungen resultieren, die Wissenschaftler als homo spirituale et sociale erhalten.

Die Rede von **der** Wirtschaftsgeographie ist eine sprachliche Ungenauigkeit, die dazu zwingt, diese Begrifflichkeit näher zu beleuchten. In der holistischen Tradition einiger Altvorderer gab es **die** Bindestrichgeographie, deren einziges Erkenntnisziel zu sein hatte, wirtschaftliche Landschaftsphänomene zu erfassen und zu beschreiben. Ihre Methode war die allseits beliebte Inaugenscheinnahme durch Bereisung und Ablichtung, so dass man im nachhinein möglichst in Doppelprojektion (vorher und nachher) die ursächliche Wirkung des wirtschaftenden Menschen demonstrieren konnte. Daran hat sich bis heute nicht viel geändert, außer dass der Photoapparat zeitweise von einem GIS verdrängt worden ist, nach Erhöhung der Rechenleistung von PCs jedoch wieder im Kommen ist, weil jetzt 2D-Ablichtungen als 3D-Projektionen von "Landschaftsmodellen" veranschaulicht und verkauft werden können. An die Stelle von Ablichtung und Photoapparat darf man Statistiken und SPSS setzen, ohne die Aussage zu verfälschen. Die Basis bildet der Common Sense der Bedeutsamkeit enzyklopädischer Deskriptionen sowie der Nützlichkeit von Dokumentationen der Veränderung von Landschaftsphänomenen, wogegen man schwerlich Einwendungen vortragen kann, außer dass Common Sense nicht das geringste mit einer Theorie oder gar einer wissenschaftstheoretischen Position zu tun haben muss. Vielmehr könnte man ihn als ein Gelege angebrüteter Eier bezeichnen, von denen in gewissen Abständen immer einmal wieder eins über die binnengeographische Grenze aus dem Nest rollt. Welcher Wertschätzung sich einige dieser Eier bei den benachbarten Wirtschaftswissenschaften erfreuen durften, kann man schon von A. WEBER (1909, S. 215) oder LÖSCH (1940, S. 72) erfahren. Die Menge dieser Wirtschaftsgeographen ist so mächtig, dass in einer vergleichenden Darstellung verschiedener Klassen von Wirtschaftsgeographien ein logarithmischer Größenmaßstab angewandt werden muss (Abb. 3.1.1). Was in diesem Zusammenhang den *"raumwissenschaftlichen Ansatz"* ausmacht entzieht sich meiner Kenntnis. Er lässt sich nur interpretativ erschließen, indem man sich vorstellt, dass ab und an ein Tropfen himmlischen Mannas der Erkenntnis von R nach L diffundiert und hier befruchtend wirkt.

Abb. 3.1.1: Deutsche Wirtschaftsgeographien

Seit einigen Jahren gebiert L die in Abb. 3.1.1 mit O bezeichnete Menge der Wirtschaftsgeographien, in denen die einmal mehr aufs Neue entdeckte Erkenntnis von sozial und politisch organisierten Menschen im Mittelpunkt steht. Verbunden durch den Kontext intuitiven Verstehens werden Erfahrungs- und Wahrnehmungsberichte entscheidungsgeprüfter AkteuRInnen kartographiert und erzählt. Leider wird dabei die Einhaltung wissenschaftlicher Prinzipien wie Klarheit der Sprache, Argumentation und Nachvollziehbarkeit vermieden, ja, als scientifisch verteufelt. Eine detaillierte Auseinandersetzung mit diesem Problemfeld gibt MARKUSEN (1999), die es als "*Fuzzy Concepts*" bezeichnet. Die Autorin macht ihre Kritik zwar an Arbeiten fest, die dem sog. "Cultural Turn" zuzurechnen sind, jedoch darf man sie m.E. dahingehend verallgemeinern, dass sie gegen jede Vernachlässigung der o.a. wissenschaftlichen Grundprinzipien gerichtet ist.

Wie sehr diese Kritik auch auf Aussagen von Vertretern des sog. "Relational Turn" zutrifft, zeigt das folgende Zitat von BATHELT / GLÜCKLER (2002, S. 35): "*Die wissenschaftlich interessante Erkenntnis bezieht sich auf die Aufdeckung transkontextueller, mehr oder minder notwendiger Relationen.*" Was man sich unter "*transkontextuell*" vorzustellen hat, kann nur aus einer vorher angeführten diffusen Beschreibung der Kontextualisierung zusammengereimt werden oder, positiv ausgedrückt, interpretiert werden. "*Notwendige Relationen*" sind von den Autoren hingegen exakt als deterministische Beziehungen gekennzeichnet worden (S. 35), so dass sich jetzt die Frage erhebt, was eine "*mehr notwendige*" und was eine "*weniger notwendige Relation*" überhaupt sein könnte. Während man die Transkontextualität noch im Sinne von HUDSONS (2003, S. 743) "*'fuzziness' as a tactical move*" verstehen könnte, ist Letzteres schlichtweg eine Schlampigkeit.

In Teutonien haben sich bislang nur BATHELT / GLÜCKLER (2001, 2002, 2003) als bekennende "Relationalisten" geoutet. Ihre metatheoretische Ebene ist der kritische Realismus von SAYER (1984), der es erlaubt, dass sie auf theoretischer Ebene alle Erklärungsansätze auf die Handlungstheorie reduzieren. Als heuristischen Bezugsrahmen einer "*neuen Wirtschaftsgeographie*" (2002, S. 36 ff.) bieten sie vier Theorieklassen an, die sie mit der eher skurrilen Bezeichnung als "*Ionen der Wirtschaftsgeographie*" umschreiben. Darunter verstehen sie vier unscharf getrennte Klassen (S. 37 ff.), die obendrein auch noch voneinander abhängig sind: ".. *Interaktionen sind dabei nur aus einer evolutionären Perspektive zu verstehen ...*" (S. 39) etc. Spontan sind mir dazu 16 weitere Theorieklassen eingefallen, die wahrscheinlich um ein Vielfaches zu vermehren sind.

"*Organisation*"	"*Interaktion*"	"*Innovation*"	"*Evolution*"
Struktur	Funktion	Ausbeutung	Persistenz
Staat	Unternehmen	Haushalt	Markt
Standort	Verflechtung	Wirtschaftssubjekt	Kapital
Faktor	Determinante	Information	Output

Kombiniert man nur diese 20 Klassen in Vierergruppen, so ergeben sich bereits 4845 Möglichkeiten. Da aber keine Begründung für vier "*Ionen*" existiert, kann man auch sechs mit 15504 Kombinationsmöglichkeiten wählen. Bei einer weiteren Vermehrung der Klassen und "*Ionen*" landet man schnell im Unendlichen, also vollkommener Beliebigkeit. Diese Hommage an den Zeitgeist – alle können das tun, was Spaß macht – führt den Orientierungsrahmen – in diesem Sinne habe ich das Anliegen der Autoren verstanden – ad absurdum, weil keine Ordnung mehr erkennbar ist.

Betrachtet man nun die Theorieklassen durch die Brille "*relationales Handeln in räumlicher Perspektive*", worin die Reduktion zum Ausdruck kommt, gelangt man auf die Ebene der "*relationalen Grundperspektive*". Sie ist in drei Bereiche gegliedert:

1. Die "*Kontextualität*", in welcher die allgemeine Soziologie abgeschafft wird: "*Situiertes Handeln ist spezifisch und folglich nicht mehr durch universelle Kategorien und Gesetze zu erklären*" (S. 36). In meinem Soziologiestudium habe ich das Gegenteil als oberstes Erkenntnisziel des Faches kennen gelernt, aber das liegt nun mehrere Jahrzehnte zurück.

2. Die zeitliche "*Pfadabhängigkeit*", die durch einen unendlichen Regress gekennzeichnet ist: "*Situierte Entscheidungen und Interaktionen in der Vergangenheit bedingen spezifische Handlungskontexte in der Gegenwart…*" (S. 36). Es dürfte zwar unbezweifelbar sein, dass menschliches Handeln in bestimmten Situationen habituell sein kann, jedoch wage ich, dies als Prinzip zu bezweifeln. Es bleibt ein Rätsel, weshalb diesbezüglich nicht auf die Thesen von HOMANS (1972) Bezug genommen wird.

3. Die "*Kontingenz*", in deren Zuständigkeit die Abschaffung der Wirtschaftswissenschaften fällt: "*Aufgrund seiner Kontextabhängigkeit unterliegt ökonomisches Handeln nicht allgemeinen Gesetzen*" (S. 36). Aus meinem Studium der Volkswirtschaftslehre und meiner bis heute andauernden Beschäftigung mit volks- und betriebswirtschaftlichen Fragestellungen habe ich gelernt, dass diese Perspektive mit an Sicherheit grenzender Wahrscheinlichkeit in keinem Mainstream der Wirtschaftswissenschaften verankert ist.

Diese perspektivischen Aussagen sind offensichtlich dialektisch gemeint, so dass meine Einwände irrelevant sein könnten, wie man gleich im nächsten Absatz erfährt: "*… die Forschung bedient sich ökonomischer und sozialer Theorien…*" Dabei widerspricht die "*pfadabhängige und kontingente Grundperspektive linearen Entwicklungen und geschlossenen Systemen*" (S. 36). Da die Autoren aber nicht verdeutlichen, was These, Antithese und Synthese in ihren Aussagen sein sollen, kann ich in ihnen nur formallogische Widersprüche entdecken. Sollte es sich allerdings um ein dialektisches Aussagekonstrukt handeln, müssten es die Autoren als solches kennzeichnen und vor allem klären, welcher Theorien sich die Forschung denn nun bedient. Oder steht ihre Reduktion auf die Handlungstheorie nur als Stellvertreter des historischen Materialismus in ihrer Dialektik? Auf jeden Fall aber werden die in der Dialektik notwendigen Ähnlichkeitsbeziehungen zwischen Thesis, Antithesis und Synthesis durch die von BATHELT / GLÜCKLER benutzten diffusen Begrifflichkeiten mehr verschleiert als verdeutlicht, so dass letztendlich nur der nachhaltige Eindruck von Widersprüchlichkeit dominiert.

M.E. ist es eine Mär zu glauben, dieser Ansatz sei *der* zukunftsträchtige in der gesamten Wirtschaftsgeographie. Das aber ist nicht ausschließlich unser Thema, so dass wir das Spät-Geschlüpfte ruhig in seiner Embeddedness belassen wollen. Übrigens entspricht es völlig teutonischem Stil, dass ein Meister, der selbst keine dieser spitzen Theoriepyramiden errichtet hat, seinen für würdig befundenen Jünger beim Bau einer solchen tatkräftig unterstützt. Auch so stärkt er seine Oligarchie bzw. Schule, wie SCOTT (2000, S. 485) es ausdrückt.

Davon deutlich getrennt erscheint die Menge der Erkenntnisziele, die man gemeinhin dem raum**wirt**schaftlichen Ansatz zurechnet (SCHÄTZL 2001, S. 20). Ihre breite theoretische Basis entstammt hauptsächlich den Wirtschaftswissenschaften, mit deutlichem Schwerpunkt in der Volkswirtschaftslehre. Nicht alle ihre Theorien wurzeln in der Ein-Punkt-Neoklassik, sondern kommen auch aus deren Randbereichen wie den Mobilitäts-, Polarisations- und Entwicklungstheorien. Einen der Grundpfeiler bilden nach wie vor die klassischen Raumwirtschaftstheorien und deren Weiterentwicklungen. Gerade durch die Einbindung der "loose ends" sind sie weit von einer axiomatischen Wissenschaft wie der reinen Neoklassik entfernt, also offen für Neues. Das wird beispielsweise u.a. durch die Arbeiten von STERNBERG (1998) und KOSCHATZKY (2001) eindrucksvoll belegt. [In der sachsonischen Subzivilisation war der raumwirtschaftliche Ansatz die am häufigsten vertretene Richtung, bevor die fähigsten Vertreter zum Strukturalismus konvertiert sind. Ein Vergleich der beiden intellektuellen Landschaften ist nach Übersetzung von DICKEN / LLOYD (1999) für Deutschsprechende besonders leicht geworden].

Mit Ausnahme nicht ins Gewicht fallender Restposten bleiben noch die Systemtheoretiker zu erwähnen, die sich eher sehr zurückhaltend äußern, vielleicht weil ihre Systeme zu wenig wirtschaftliche Relationen abbilden oder sie immer noch mit der Lösung von Anfangswertproblemen kämpfen.

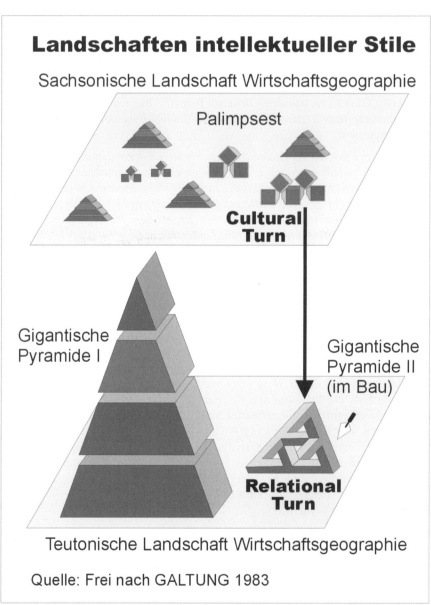

Abb. 3.1.2: Zwei intellektuelle Landschaften

Diese Gliederung der teutonischen Subzivilisation auf dem Gebiet der Wirtschaftsgeographie unterscheidet sich bedeutsam von der sachsonischen (Abb. 3.1.2). Dort pflegt man nicht derart "*gigantische*" Pyramiden zu errichten, sondern viele kleine, "*die auf dem soliden Boden der Empirie errichtet sind*" (GAL-

TUNG 1983, S. 326). Droht man dieses Fundament einmal zu verlassen – auch hier beflügelt schließlich die Phantasie die logisch arbeitende Wissenschaft – stürzt eine kleine Pyramide ein. Dann aber "*kann man sofort damit beginnen, aus den Trümmern eine weitere kleine Pyramide zu konstruieren*" (GALTUNG 1983, S. 327). Vor dem Hintergrund der GALTUNG'SCHEN Theorie wird um so mehr verständlich, weshalb SCOTT (2000, S. 495) die Landschaft der sachsonischen Wirtschaftsgeographie als "*intellektuellen Palimpsest*" beschreibt. Offensichtlich sind die Trümmer alter Pyramiden weder recycelt noch entsorgt worden, denen augenblicklich die Reste des "Cultural Turn" hinzugefügt werden, die teilweise neuerdings bei uns als "relationale Wirtschaftsgeographie" (BATHELT / GLÜCKLER 2002) eingeführt werden. An dieser Stelle drängt sich geradezu die Frage nach dem Nutzen auf, diesen Schrott in die teutonische Landschaft zu importieren, um ihn hier mit einem Time Lag von mehr als 10 Jahren in einer neuen gigantischen Pyramide zu verbauen. Mir erscheint diesbezüglich eine Importsubstitution mehr Nutzen zu versprechen, um erst einmal äußerst tragfähige vorhandene – aber bislang unverstandene – Bausteine daraufhin zu prüfen, inwieweit sie sich in eine erst noch zu planende Pyramide integrieren lassen. Selbstverständlich ließe sich das ebenso vornehm zurückhaltend mit LAGENDIJKS (2003) Worten sagen. Bezogen auf die Provokation durch MARKUSENS (1999) "*Fuzzy Concepts*", plädiert er für eine differenzierte (*subtle*) Kritik und nicht eine Totalkritik (*grand critique*), wie sie u.a. auch von den "Relationalisten" BATHELT / GLÜCKLER (2002) gepflegt wird.

Bereits 1996 ist die zentralörtliche Theorie CHRISTALLERS von deutschen Geographen finalisiert worden (vgl. BLOTEVOGEL; DEITERS; GEBHARDT alle 1996), worunter eine konsensuelle Theorienverdrängung ohne Falsifikation zu verstehen ist. Widersprüchlicherweise feiert sie jetzt aber als theoretische Grundlage eines erneuerten Zentralörtlichen Konzepts fröhliche Urständ (BLOTEVOGEL 2002). Da fragt man sich, was es mit diesem neuerlichen Finalisierungsversuch eines ganzen wissenschaftlichen Teilbereichs auf sich hat. Das Ziel ist zwar deutlich erkennbar und kann nur lauten, lästige Konkurrenz auszuschalten, aber die möglicherweise unerwünschten Wirkungen liegen im Dunkeln. Schließlich ist vor mehr als 10 Jahren die NEG in die Kampfarena eingezogen und scheut sich nicht, mit groben Knüppeln ohne Einhaltung jeglicher Spielregeln – also ganz unsachsonisch – auf alle Wirtschaftsgeographien einzudreschen. Es ist aber wohl kaum Zufall, dass dabei einige Raumwirtschaftler (Christaller, Lösch, Pred, Harris) zusammen mit Angehörigen der Regional Science (hauptsächlich Isard) besonders derbe Schläge einstecken müssen, u.a. in der von KRUGMAN (1998a, S. 38 ff.) genüsslich erzählten Story von der "*Germanischen Geometrie*". Auch hier geht es letztlich darum, Konkurrenz zu verdrängen, gleich mit welchen Mitteln. Das "*Marketing*" (SCHMUTZLER 1999, S. 358) hinsichtlich des eigenen Mainstream I besteht in einer Strategie nach dem Motto: Schaut her, wie viele heftige Prügel andere beziehen! Möchtet ihr auch welche?

Betrachtet man die Herkunft der teutonischen Debattanden, stellt man leicht fest, dass sich bislang nur Vertreter aus {R} und {O} zu Wort gemeldet haben. Darin sehe ich eine Bifurkation des Fachgebietes. Dabei überrascht nicht, dass die "Raumwirtschaftler" eine differenzierte Kritik vortragen, die in einer nach der "Stückwerkstechnologie" arbeitenden Wissenschaft ertragreich implementiert werden könnte. Das dürfte weitgehend dem Vorschlag von LAGENDIJK (2003) entgegenkommen, mehr Vorsicht bei der Übernahme von Ideen aus anderen Fachgebieten walten zu lassen und deren Entstehungszusammenhang nicht völlig zu ignorieren. Gegen diese *relationale* Einordnung von Konzepten ist kaum etwas einzuwenden. Hingegen gipfelt die *"grand critique"* von BATHELT / GLÜCKLER (2002) in einer Umetikettierung, die auf MARTIN (1999) zurückgeht, und die nur eine Sprachverwirrung zur Folge hat. "Neue Wirtschaftsgeographie" ist in Abhängigkeit der Verfasser ungleich "neuer Wirtschaftsgeographie", worin sich ein abermaliger Verstoß gegen die eingangs dargelegten wissenschaftlichen Grundprinzipien ausmachen lässt. Zweifellos ist dieser missliche Zustand nicht den Ökonomen, sondern ausschließlich den Geographen anzulasten.

3.2 Ziele der NEG

Das Oberziel dieser Gruppe von Theoretikern der Volkswirtschaftslehre lässt sich mit einem Satz erschöpfend beschreiben: Es sollen Aussagen der Mikrotheorie über das Verhalten von Haushalten und Unternehmen in räumlichem Kontext formal in das axiomatische Theoriengebäude der Ein-Punkt-Neoklassik integriert werden, um endlich den statischen Charakter zu überwinden und zu dynamischen Aussagen der wirtschaftlichen Entwicklung in Raum und Zeit zu kommen. Zur intersubjektiven Kontrollmöglichkeit der logischen Stringenz der Aussagen wird Mathematik als Sprache verwendet, was unter Theoretikern vieler Wissenschaften üblich ist. Gerade mit der *"Greek-Letter-Economy"* (KRUGMAN 1997) gibt es unter den augenblicklichen Gegebenheiten im deutschen Teil der teutonischen Subzivilisation beträchtliche Schwierigkeiten. Deshalb wird im Folgenden zur Vorstellung eines dieser Modelle ein grundlegendes Theorem der Informatik benutzt (Abb. 3.2.1).

M.E. verringert es das Problem, dass zwar alle Mathematiker Menschen sind, aber nicht alle Menschen auch Mathematiker, woran leider nicht immer gedacht wird. Es besagt, dass jedes Zeichen eines Modells – und damit auch das Modell selbst – drei Dimensionen besitzt. Dies sind:

1. Die syntaktische Dimension, also die Worte und Grammatik der Sprache, um eine Idee zu beschreiben bzw. auszudrücken.

2. Die pragmatische Dimension, d.h. das Verhältnis zwischen Modellbauer und Zeichen bzw. Modell. Z.B. ist uns allen σ als Standardabweichung der Grundgesamtheit bekannt. In diesem Fall sind die Modellie-

rer aber keine Stochastiker, sondern Wirtschaftswissenschaftler, die mit σ eine andere Definition verbinden.

3. Die semantische Dimension, also die inhaltliche Modellaussage, die anderen Menschen die Idee des Modellierers begreiflich macht.

➔ Nur wenn alle drei voneinander nicht unabhängigen Dimensionen hinreichend bekannt sind, kann man von (nahezu) vollständiger Information sprechen.

Die drei informatischen Dimensionen eines Modells

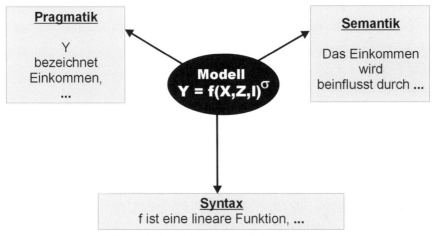

Abb. 3.2.1: Zum Informationsgehalt von Modellen

Einen ersten Eindruck hiervon kann das in Box 1 aufgeführte und erläuterte Modell vermitteln. Es ist eines der Dixit-Stiglitz Basismodelle, welches in mehrfach modifizierter Form Verwendung findet. An anderer Stelle (GÜßEFELDT 2003) ist schon auf die Schwierigkeit der Operationalisierung dieser Modellklasse eingegangen worden. Hier soll es einfach nur die Sprache zeigen, wobei darauf aufmerksam gemacht sei, dass endogene Gleichungsterme der rechten Seite wiederum Zielgrößen vorangehender Gleichungen sind und das wiedergegebene Modell nur ein Teil des gesamten Gleichungssystems darstellt, dem noch die Bifurkation der Agglomerationsvariablen λ voranzustellen ist. Da sie aber "*forbiddingly complex*" ist, habe ich sie genau wie FUJITA / KRUGMAN / VENABLES (2001, S. 35) einfach fortgelassen. Agglomerationseffekte / Skalenerträge / Increasing Returns / Sondergewinne sind Theorie endogen! Von ihnen sind die reinen externen Effekte unterschieden (KRUGMAN 1998, S. 8), die nicht in die Modelle integriert werden.

Mit der Wiedergabe dieses Modells wird hier zunächst nichts weiter beabsich-

---

Box 1: Das Kern-Peripherie-Modell der NEG

1. Regionale Einkommen:

$Y_r = \mu\lambda_r w_r + (1-\mu)\phi_r$

2. Verbraucherpreise in einer Region s (= Preisindex):

$G_s = \left[\sum_s \lambda_s (w_s T_{sr})^{1-\sigma}\right]^{1/(1-\sigma)}$

3. Nominallöhne des Leitsektors in der Region r:

$w_r = \left[\sum_s Y_s T_{rs}^{1-\sigma} G_s^{\sigma-1}\right]^{1/\sigma}$

4. Reallöhne des Leitsektors:

$\omega_r = w_r G_r^{-\mu}$

Darin bedeuten:

µ = Anzahl der Arbeiter im Leitsektor als Teilhaberelation an den Sektoren,

λ = Wertschöpfung des Leitsektors als Teilhaberelation. Dies ist die Agglomerationsvariable, von deren Höhe die Veränderung abhängig ist, was durch Bifurkation berechnet wird.

φ = Wertschöpfung des Residualsektors als Teilhaberelation,

σ = Substitutionselastizität,

T = exogen definierte Transportkosten = Eisbergfunktion. Das ist der Teil der Ladung, den das THÜNENSCHE Pferdegespann auf der Fahrt von r nach s gefuttert hat.

Quelle: FUJITA / KRUGMAN / VENABLES (2001, S. 63 ff.)

---

tigt, als

→ die syntaktische Dimension und

→ durch die Benennung der Zeichen die pragmatische Dimension

der theoretischen Sätze der NEG zu demonstrieren, die insgesamt aus 483 derartiger Gleichungen bestehen. Niemand wird ernsthaft behaupten wollen, dass damit auch bereits eine Aussage über die semantische Dimension gemacht ist. Nur wer sich mit Volkswirtschaftslehre befasst hat, wird in etwa erahnen, was gemeint sein könnte. Er erkennt zumindest unschwer das A und Ω vieler Wirtschaftswissenschaftler. Für alle interessierten Fachfremden dürfte der semantische Gehalt nach wie vor "Krphdl" sein, vor allem dann, wenn die jeweiligen Überschriften fortgelassen worden wären.

Ganz offensichtlich sind sich die NEG-Theoretiker dessen bewusst und wählen deshalb ihren eigenen Weg der Explikation ihrer Modelle. Die semantische Dimension sei nun auf dieselbe Weise eingeführt, wie sie es handhaben. Vor jedem Modell gibt es eine Einleitung, bei KRUGMAN (1991, 1998 a) in der Regel eine narrative Story, bei FUJITA / KRUGMAN / VENABLES (2001) eine Nennung von empirischen Fakten. Hier könnte sie lauten: In Ostfriesland sind die Reallöhne niedriger als in Hamburg, wie XYZ 2000 gezeigt hat. Jetzt setzt man für die mathematischen Zeichen entsprechende Zahlen ein und erhält sowohl für ω_1 als auch für ω_2 im 2-Regionen-Fall ein numerisches Resultat. Ist der Reallohn im Leitsektor einer Region höher als in der anderen - sagen wir $\omega_1 > \omega_2$ -, dann ist Region 1 ein Kern und Region 2 eine Peripherie. Damit ist der Unterschied zwischen den Reallöhnen zweier Regionen durch das Modell erklärt und gleichzeitig die semantische Dimension eingeführt.

Der Erklärungsgehalt ist also auf den Sachverhalt von Reallohndifferenzen durch die angegebenen Einflussgrößen beschränkt. An keiner Stelle wird behauptet, damit die Lohnunterschiede zwischen Ostfriesland und Hamburg, also zwei konkreten geographischen Regionen, erklärt zu haben, sondern dies wird der (Miss-)Interpretation der Leser überlassen. Die Aufzählung von Fakten vor dem Modell fungiert also nicht als Fallbeispiel im Sinne eines empirischen Modelltests, wie es sehr viele Wirtschaftsgeographen missverstanden haben! Das NEG-Modell kann also auch nicht die Konzentration von High Technology Industrien wie Silicon Valley oder Route 128 erklären, wie OSMANOVIC (2000, S. 246) meint. Im Kapitel zu Industrie Clustern weisen FUJITA / KRUGMAN / VENABLES (2001, S. 303) auch einmal explizit darauf hin: "*Although the model says nothing about what determines the actual division of industries among countries,...*". Genau das aber würde man gemeinhin von einem validen wirtschaftsgeographischen Modell erwarten. **D.h. die NEG-Modelle enden eine Stufe vor den Erklärungs- und Modellierungsversuchen von Wirtschaftsgeographen.** Zu einer vergleichbaren Aussage gelangt SUNLEY (2001) in seiner Analogie vom (Modell-)Gerüst der NEG um das reale Gebäude der Raumwirtschaft, welches Ökonomen wie ein Zaun den Blick auf die Realität verwehre. Unglücklicherweise schießt er seinen Pfeil meilenweit an der Neoklassik vorbei, der allenfalls Wirtschaftsgeographen träfe, die der falschen Auffassung wären, die NEG-Modelle würden die Realität der Raumwirtschaft abbilden. Nur sind bislang solche nicht wirklich auf den Plan getreten. Da Wirtschaftsgeographen mit ihren Modellen eine ganz andere empirische Reichweite anstreben, entspricht ihre Klassifikation als Ad-hoc-Modellierer (FUJITA / KRUGMAN / VENABLES 2001, S. 33) eher einer intellektuellen Demütigung als einer redlichen wissenschaftlichen Bezeichnung ergänzender, konkurrierender Erklärungsansätze.

Nach Einführung der semantischen Dimension werden sicher alle zustimmen, dass dieses Modell einen Aspekt von Kern und Peripherie abbildet. Was aber ist mit den Myriaden anderer, eminent wichtiger Gesichtspunkte, um die sich so viele verschiedene Fachdisziplinen bemühen? Sie sind der wissenschaftlichen Arbeitsteilung zum Opfer gefallen, heißt die lapidare Antwort. Hier wartet also ein weites Feld konstruktiver Ergänzungen auf seine Bearbeitung, was selbst KRUGMAN betont (1998, S. 13): "*But it remains true that much, perhaps most, of the usefullness of the core-periphery model is that it opens the door to the study of a much wider range of issues*". Also: Es gibt auch für Wirtschaftsgeographen viel zu tun, packen wir's einfach an!

Einen Eindruck davon wie Ökonomen diese Aufgabe lösen, gibt SCHMUTZLER (1999, S. 359 ff.) am Beispiel der Ergänzung des ersten Zentrum-Peripherie-Modells (KRUGMAN 1991, S. 115 ff.). Es kann nicht wundern, dass FUJITA / KRUGMAN / VENABLES (2001, S. 46 ff.) bei ihrer zeitgleichen Überarbeitung des Modells zu demselben Ergebnis gekommen sind wie SCHMUTZLER. Eine für Wirtschaftsgeographen noch interessantere Ergänzung legt FINGLETON (1999) vor, in welcher regionalwirtschaftliches Wachstum u.a. durch endogene '*Knowledge Spillovers*' beeinflusst wird. Bei einem empirischen Test anhand von 178 NUTS2-Regionen der EU liefert dieses Modell befriedigende Ergebnisse. Aus der intensiven Beschäftigung und Verbesserung der NEG-Theoreme in den Wirtschaftswissenschaften darf man entnehmen, dass es den NEG-Theoretikern gelungen ist, ihr eingangs zu diesem Abschnitt skizziertes Ziel zu erreichen.

Abschließend kann man sich die Frage stellen, was an dem vorgestellten Modell eigentlich die Economic Geography ausmacht. Die Transportkosten T zwischen zwei virtuellen Regionen, die mit Ausnahme der VON THÜNEN-Ökonomie (dort lauten sie τd) in allen anderen Modellen in gleicher Weise eine Rolle spielen, bilden

→ keine erdräumliche Distanz,

→ geschweige denn einen geographischen Raum

als Modell ab. Sie haben in der Regel die Aufgabe, einen Unterschied zwischen cif- und fob-Preisen herzustellen, d.h. ihre Dimension und Funktion sind inhaltlich, aber nicht geographisch begründet.

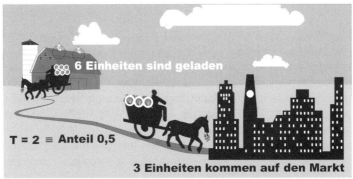

Abb. 3.2.2: Transportkosten im Sinne VON THÜNENS

In Abb. 3.2.2 ist versucht worden, den Parameter T_{rs} zu veranschaulichen: Ein Produzent her, die er auf den von seinem Produktionsstandort räumlich entfernten Markt versendet. Dort kommt aber nur die Hälfte der Gütermenge an, weil die andere Hälfte unterwegs von dem Zum Transport benutzten Gespann gefuttert wurde, wie es bereits VON THÜNEN in dem eingangs wiedergegebenen Zitat formuliert hat. T_{rs} beträgt in diesem Fall als Verhältnis von versendeter zu empfangener Gütermenge 2 oder als Anteilswert 0.5. Nach der zitierten Erläuterung v. THÜNENS beträgt somit in diesem Beispiel der fob-Preis die Hälfte des Marktpreises (cif), so dass die von FUJITA / KRUGMAN / VENABLES (2001, S. 49, Formel 4.14) angegebene Beziehung $p^M_{rs} = p^M_r \times T^M_{rs}$. (Im betrachteten Beispiel müsste man M durch A ersetzen). Bei einer Operationalisierung für den Fall mehrerer Güter stellt sich die Frage, wie T_{rs} exogen definiert werden kann, worauf man von den NEG-Theoretikern keine Antwort erhält. Einige ihrer Vertreter (OTTAVIANO / TABUCHI / THISSE 2002) haben inzwischen selbst erkannt, dass die Definition als Relation unter Kostengesichtspunkten zu einem Problem führt. Für Güter mit höherem Preis ergeben sich höhere absolute Transportkosten, d.h. die Handelskosten variieren mit den Güterpreisen, was die Autoren für unrealistisch einschätzen. Ihre Lösung besteht in einer teilweisen Endogenisierung der Transportkosten durch die Einführung von Handelskosten. Dadurch wird zwar ein beträchtlicher inhaltlicher Fortschritt erzielt, aber geographische Aspekte kommen dadurch auch nicht zum Tragen.

Deshalb ist hier festzuhalten, dass die Operationalisierung des geographischen Raumes in allen NEG-Theoremen, die schließlich erst zu der Namengebung geführt hat, inakzeptabel primitiv ist. Der Eisberg-Transportkostenindex wirkt allenfalls wie eine globale Transportrate, wie die NEG-Theoretiker sie in ihrer VON THÜNEN-Ökonomie selbst benutzen, die man höchstens noch grob regionalisieren kann, und deren Abbildungsqualität in kleinräumigen Untersuchungen gegen Null konvergiert. Hinzu kommt noch, dass sie auf dieser Maßstabsebene empirisch gar nicht operationalisierbar ist. Daran ändert auch die Einführung von

Handelskosten nichts, weil sie noch mehr nicht verfügbare Informationen zu einer Operationalisierung verlangen.

Auch wenn man VENABLES (2001) folgend unter Transportkosten eine komplexe Einflussgröße versteht, die sich aus verschiedenen Kostenarten zusammensetzt: Suchkosten, Vertragskosten, Transportkosten, Transitzeitkosten und ergänzend Abwicklungskosten, ist dadurch diese Ursache nicht eben leichter zu operationalisieren. Während sich die ersten vier von VENABLES (2001) erwähnten Kosten in mondialem Maßstab abschätzen lassen, dürften sich die wohl bewusst nicht erwähnten Abwicklungskosten, die sich aus Kreditbeschaffungs-, Bank-, fiskalischen Ausgleichs- und Korruptionskosten zusammensetzen, einer Schätzung weitgehend entziehen. Sollten die NEG-Theoretiker tatsächlich alle Kostenarten unter den von ihnen verwendeten Transportkosten subsumieren, müssten sie das zumindest an irgendeiner Stelle nicht nur erwähnen, was sie zwar tun (FUJITA / KRUGMAN / VENABLES (2001, S. 98), sondern sie müssten dem Leser darüber hinaus wenigstens eine Ahnung davon vermitteln, wie "*different languages, legal systems, product standards and cultures*" in die exogene Definition ihres T eingehen, worüber sie sich ausschweigen. RUIZ (2001, S. 31) resümiert deshalb: "There is no doubt that, in the new economic geography, transport cost is a theoretical 'black box' that has to be opened." Interessanterweise entwickeln LIMÃO / VENABLES (2001, S. 453 ff.) ein multiples Regressionsmodell zur Schätzung eines komplexen Transportkostenindikators, der aber ganz auf internationale Transporte zugeschnitten ist, also nicht auf subnationale Raumgliederungen übertragbar ist.

Den nächsten ernsten Problemfall stellt die konstante Substitutionselastizität σ dar, die angibt, wie sich die prozentuale Nachfrage nach einem bestimmten Gut ändert, wenn der Preis eines Substitutionsgutes variiert. Zwei typische Substitutionsgüter sind Mischbrot und Brötchen. Erhöhen die Bäcker den Brötchenpreis, wird das zu einer Vergrößerung der nachgefragten Menge von Mischbrot führen, wenn die Haushalte nicht bereit sind, insgesamt mehr Geld für Nahrungsmittel auszugeben. Dieser problemlose Idealfall mag auf Produkte global operierender Klopsbrater und Hähnchengriller übertragbar sein. Die Übertragbarkeit stößt jedoch dann an ihre Grenzen, wenn es um die Nachfrage nach lokal- oder regionalspezifischen Gütern geht, für die es im Extremfall kein Substitutionsgut gibt. D.h. mit anderen Worten, in mikro- oder mesoskaligen Untersuchungen räumlich differenzierter Angebote und ihrer Nachfrage, die in wirtschaftsgeographischen Untersuchungen häufig eine Rolle spielen, ist die Festlegung einer konstanten Substitutionselastizität schon unter diesem ersten Aspekt problematisch.

Den zweiten Aspekt sieht man nur dann, wenn auch die konstant gehaltenen Annahmen betrachtet werden. Eine von ihnen betrifft die Haushaltseinkommen. Entweder müssen sie bei konstanter Substitutionselastizität von Ort zu Ort identisch sein oder es werden nur einkommensneutrale Güter betrachtet. Ersteres trifft in Wirklichkeit kaum zu, da aufgrund selektiver Wanderungsbewegungen auf allen räumlichen Maßstabsebenen mit beträchtlichen Differenzierungen der Haushaltseinkommen zu rechnen ist. Letzteres bedeutet eine Einschränkung auf inferiore Güter, was theoretisch keinen Sinn machen dürfte. Hier bleibt somit nur die Feststellung, dass lediglich reine Theoretiker mit ihren Konstruktionen von Idealvorstellungen derartige Klippen umschiffen können. Der Realismus von Wirtschaftsgeographen, der nicht unbedingt mit demjenigen SAYERS (1984) identisch sein muss, führt diesbezüglich zwangsläufig zu einem Dissens mit den Theoretikern.

Der dritte Aspekt des Problems ist m.E. der schwerwiegendste, auf den aus den Reihen der NEG von OTTAVIANO / TABUCHI / THISSE (2002) selbst aufmerksam gemacht wird. FUJITA / KRUGMAN / VENABLES (2001, S. 50) ist der logische Fehler unterlaufen, die Substitutionselastizität und die Nachfrageelastizität konstant zu definieren und gleichzusetzen: *...the elasticity of the aggregate demand for each variety with respect to its mill price is also σ, regardless of the spatial distribution of consumers."* Das konfligiert nicht nur *"with research in spatial pricing theory"*, wie OTTAVIANO / TABUCHI / THISSE (2002, S. 410) schreiben, sondern das ist ein logischer Widerspruch zu dem mathematischen Beweis von LÖSCH (1940, S. 93, Fußnote 3), den er auf Anregung von HOOVER (1937) geführt hat. Trotz der von OTTAVIANO / TABUCHI / THISSE (2002, S. 414) auf der Theorieebene erarbeiteten Lösung durch explizite Berücksichtigung beider Arten der Elastizität, bleibt das Problem einer empirisch gehaltvollen Operationalisierung bestehen. Der Aufwand, die lokalen und regionalen Kreuz-Preis-Elastizitäten von Gütern eines repräsentativen Warenkorbs zu bestimmen, dürfte in keinem Verhältnis zum Ertrag stehen und vielfach an den Zielen wirtschaftsgeographischer Untersuchungen vorbeigehen.

Die konstante Substitutionselastizität (CES, σ in Box 1) und die rudimentäre Raumabbildung durch den Pferdefutterindex verhindern eine unmittelbare Übertragbarkeit der Modelle auf meso- oder gar mikroskalige Raumgliederungen, wovon Koschatzky (2002, S. 6) hingegen überzeugt zu sein scheint.

Bevor man aufgrund dieser Einwände das Label "New Economic Geography" als puren Etikettenschwindel einstuft, hören wir uns den O-Ton KRUGMAN (1991, S. XI) an: *"I like the Term"*. *Degustibus non disputandum*, wussten die alten Römer vor 2000 Jahren schon, weshalb meine Antwort lautet: Danke Paul, dass du der Wirtschaftsgeographie in deiner Präferenzordnung der Wissenschaften endlich den Platz einräumst, der ihr **wirklich** zukommt!

3.3 Eine wissenschaftliche Debatte in den deutschen Wirtschaftsgeographien um die NEG?

Die von der NEG gewählte syntaktische Dimension dürfte einige Schwierigkeiten aufwerfen. Wäre die transavantgardistische Humangeographie eine theorielose Märchensammlung, die sich der Einfachheit halber nur noch qualitativer Methoden bedient, wie die Äußerungen einiger ihrer prominenten Vertreter nahe legen, müsste allein die Wahl der Syntax zu Stillschweigen führen. Das galt jedoch per se nicht für die methodisch gebildeten Kreise von Wirtschaftsgeographen. Die ursprünglich vorgesehene differenzierte Analyse der Debatte wurde verworfen, weil von GIESE / MOßIG (2002) durch die Aufnahme des Aufsatzes des Anthropogeographen BAHRENBERG (2002) mit der "*Enträumlichung*" ein völlig anderer Aspekt um die Standortbestimmung der Wirtschaftsgeographien präsentiert wird, der weder in unserer noch in anderen Subzivilisationen in diesen Fachdisziplinen bislang eine Rolle gespielt hat.

Die Überschrift dieses Kapitels ist deshalb als Frage formuliert, weil ich strikt zwischen Diskussion und Debatte unterscheide. Erstere kann im Wahlkampf oder einer Talkshow stattfinden, in welchen – wie geistreich zustimmend oder ablehnend auch immer – parliert wird. Letztere reserviere ich für wissenschaftliche Auseinandersetzungen, in denen die Theorien, Ausgangsbedingungen und logischen Implikationen entsprechenden Prüfungen unterzogen werden sowie empirische Falsifizierungsversuche und Operationalisierungen ventiliert werden. In der sachsonischen Subzivilisation nennt man das "Scientific Reasoning".

3.3.1 Zur "Enträumlichung der Region"

Es scheint am mangelhaften Standing teutonischer Geographen anderen Wissenschaftlern gegenüber zu liegen, in einigen Dekadenabständen immer wieder eine Diskussion um die Enträumlichung führen zu müssen. Während die vergangenen "langen Wellen" jeweils von jungen Kritikern in ihrer Sturm- und Drangzeit ausgelöst wurden, wird jetzt der Spieß von BAHRENBERG (2002) einmal umgekehrt. Ausgangspunkt für ihn ist das "*Faktum globalisierter Funktionssysteme*", deren Organisation und Kommunikation nicht durch erdräumliche Nähe beeinflusst wird. Dadurch sei eine ursprüngliche Ursache der Regionsbildung, distanzabhängige Transportkosten, außer Kraft gesetzt. Die zweite Ursache, Agglomerationsvorteile in Form von Lokalisations- und Urbanisationseffekten, seien ohnehin nur externe Effekte, also Theorie exogene Faktoren der klassischen Raumwirtschaftstheorien. Deshalb würden von der "*jüngeren Wirtschaftsgeographie*", "*Hilfskonstruktionen*" benutzt, um auch weiterhin räumliche Nähe als gewohnten Faktor der Regionsbildung verwenden zu können. BATHELT / GLÜCKLER (2002, S. 34), sprechen dem geographischen Raum pauschal jede Wirkung ab: "*Da Raum (wie auch Zeit) kein wirkungsfähiger Gegenstand ist, tritt er auch im Rahmen von Theorien nicht in Erscheinung.*" Dem soll nicht mit dem ebenso pauschalen Glaubenssatz von der Allwirksamkeit des Raumes begegnet werden, sondern es sei daran erinnert, dass der geographische Raum in vielfältiger Weise durch Nähe, Zugänglichkeit und die Organisation der Raumstruktur ursächliche Wirkungen besitzen kann, deren differenzierte Berücksichtigung in den Theorien zum Ausdruck zu bringen ist.

Was die "vermeintlich neue" Wirtschaftsgeographie angeht, ist BAHRENBERG völlig zuzustimmen, denn bei der favorisierten "*räumlichen Perspektive*" handelt sich dem Sinne nach um eines der von MARKUSEN (1999) kritisierten "*Fuzzy Concepts*". Die von BAHRENBERG als "Hilfskonstruktionen" bezeichneten Wirkungsmöglichkeiten sind bestenfalls diffuse Kategorien von Raumwirksamkeit, nicht aber als theoretische Sätze zu sehen. Außerdem sind die favorisierten Ursachen "*Opportunismus*" und "*Vertrauen*" moralische Kategorien, die als Aktionsursachen geschäftlich operierender Unternehmen intersubjektiv kaum nachvollziehbar sind, so dass sie mehr an Rotkäppchen und den Wolf gemahnen. Mit diesem Einwand stehe ich keineswegs allein auf weiter Flur, wie das folgende Zitat belegt, welches wieder auf den *Cultural Turn* bezogen ist, hier aber in gleicher Weise gilt: "*It [the Cultural Turn J.G.] also runs the risk of pushing jargon and ambiguity to the fore, if not elevating it to the commanding heights… As the standards of intersubjectivity are pushed into the background, the fashionable or the partial take pride of place*" (SJÖBERG / SJÖHOLM 2002, S. 482). Darüber hinaus vermitteln die Begrifflichkeiten möglicher Ursachen den Eindruck, geschäftliche Interaktionen von Unternehmen spielten als l'art pour l'art auf dem Tanzboden zwischenmenschlicher Annäherungsversuche. Hingegen finden wirtschaftliche Transaktionen nicht unter rechtsfreien Bedingungen statt, sondern in einem gesetzten und akzeptierten Rahmen. Nur sind heute vielfach die gehandelten Güter so komplex, dass sie in Verträgen nur unvollständig gefasst werden können und deshalb während der Vertragslaufzeit Face-to-Face-Kontakte erforderlich sind. (Man denke nur an den Vertrag über die Einführung eines Kontrollsystems der Autobahnmaut in Deutschland, der 17000 Seiten umfasst).

Für meine Erwiderung spielt es keine Rolle, ob globalisierte Funktionssysteme Fakten oder Fiktionen sind, weil hier nicht die Kommunikation zwischen Wissenschaftlern im Mittelpunkt des Interesses steht, sondern von räumlich getrennten Anbietern und Nachfragern bzw. allgemeiner Wirtschaftssubjekten. **Satz:** Zum Transport von Menschen und wirtschaftlichen Gütern zwischen zwei geographisch getrennten Standorten A und B ist Energie notwendig. Solange Energie nicht kostenlos zur Verfügung steht, sind entsprechende Transportkosten relevant (**Korollar 1**), auch wenn in dem Mythos vom "Death of Distance" ein anderes Märchen erzählt wird. Selbst wenn diese Mär in den Köpfen einiger maximal beflügelt würde, ist ein beträchtlicher Energieinput erforderlich, bis sie endlich in anderen Köpfen – besonders meinem – angekommen ist. Der geographische Raum wirkt als eine Ursache (**Korollar 2**).

Auch die Argumentation bezüglich der Externalitäten gilt **nicht** für den raumwirtschaftlichen Ansatz. So kann man dem oben zitierten Beispiel des Kern-Peripherie-Modells der NEG, welches zwar noch kein Bestandteil der Raumwirtschaftstheorien sein kann, was aber letztlich nur noch eine Frage der Zeit sein dürfte, bereits entnehmen, dass Agglomerationsvorteile ein Theorie endogener

Bestandteil sind. Dasselbe trifft auch mit einer Ausnahme für die von BAHRENBERG (2002, S. 58) erwähnten Raumwirtschaftstheorien zu. Bei CHRISTALLER erfährt man das jedoch erst in seiner "*Dynamik*" (1933, S. 86 ff.), bei LÖSCH aber gleich zu Beginn (1940, S. 6). Bleibt nur die Theorie der industriellen Standortwahl von A. WEBER (1909), für welche die Behauptung BAHRENBERGS zutrifft. Jedoch hat bereits LÖSCH (1940, S. 25 ff.) auf die Schwäche der WEBER'SCHEN Theorie hingewiesen, so dass man sie heute nicht mehr als wirkliches Argument anführen kann.

Nach diesen missglückten Ausflügen in die Theorie hält BAHRENBERG eine Bauchrede aus dem Kübel seines Alltagsverstands, würden eingefleischte Popperianer sagen, in welcher er zu der Quintessenz gelangt: "*'Räumliche Nähe' kann alles bewirken, einschließlich des jeweiligen Gegenteils, und damit nichts.*" Der auch nur einigermaßen geschulte Theorieverstand kennt ein treffendes Gegenargument: **ich betrachte theoretische Allsätze immer nur in ihren Antezedenzbedingungen**, wodurch sich in der Regel die Verwirrung der "*Alltagserfahrung*" in konkurrierende Theorien auflöst. Damit fällt diese Enträumlichung in sich zusammen wie weiland die Seilbahn von Alexis Sorbas, zumindest für den raumwirtschaftlichen Ansatz in den Wirtschaftsgeographien.

3.3.2 Probleme der Debattanden

In allen teutonischen wie auch sachsonischen Diskussionsbeiträgen kommt eine Skepsis gegenüber der axiomatischen Idee der Neoklassik zum Ausdruck, wobei sich der Verdacht einer nur sehr ungenauen Kenntnis aufdrängt. Leider wird diese Idee in modernen Lehrbüchern der Volkswirtschaftslehre nur noch sehr knapp dargestellt, so dass man eigentlich auf das Studium anderer Quellen angewiesen wäre, wenn man sich mit ihr auseinandersetzen wollte. So wundert es denn auch nicht, dass das o.a. Oberziel der NEG kaum erkannt wird, sondern davon ausgegangen wird, ökonomische Theorien erhöben den Anspruch, die wirtschaftliche Realität zu erklären. Hinzu kommt eine diffuse Vorstellung von einer Theoriedebatte, in der es doch wohl um die theoretischen Sätze und deren Implikationen gehen sollte, und nicht losgelöst von Ersteren vornehmlich um die Accessoires wie Annahmen und Operationalisierungsversuche. Offensichtlich genügt den meisten deutschen Anthropogeographen die Offenbarung MARTINS (1999, S. 81), wirtschaftsgeographische Theoriediskussionen seien "*diskursive Glaubensbekenntnisse*", so dass man sich an der Debatte gar nicht mehr zu beteiligen braucht. Allerdings gestehe ich freimütig, nicht den Schimmer einer Ahnung davon zu haben, wie "Gläubige" eine zielführende Theoriedebatte gestalten könnten. Meine Ahnungslosigkeit wird auch nicht durch die Replik von BATHELT (2001) zum Beitrag von OSMANOVIC (2000) verringert, weil ich an keiner Stelle in ihr einen Bezug zu den inhaltlichen Aussagen finde, sondern nur zur Geschmacksfrage um den Begriff "New Economic Geography". Die versäumte Marketingstrategie in eigener Sache lässt sich aber im Nachhinein nicht mehr durch eine von MARTIN (1999) propagierte Umbennung in "*Geographical Economics*" aus der Welt schaffen. Vielmehr wird damit nur um so eindrücklicher dokumentiert, mit welcher zeitlichen Verzögerung Laggards auf den Plan treten.

Wie bereits an anderer Stelle angemerkt (GÜßEFELDT 2003), hat niemand die Definitionen der NEG zur Kenntnis genommen, was mit "*Manufacturing*" und "*Agriculture*" gemeint ist, nämlich ein mobiler Leitsektor mit unvollkommenem Wettbewerb und ein immobiler Residualsektor der Wirtschaft mit vollkommenem Wettbewerb sowie allen zugehörigen mikrotheoretischen Konsequenzen. Alle deutschen Debattanden konzentrieren sich auf Aspekte ihres eigenen Spezialgebiets, die industrielle Standortallokation (BATHELT 2000, STERNBERG 2001 a & b), die Innovationsforschung (KOSCHATZKY 2002) oder die mondiale wirtschaftliche Entwicklung (OSMANOVIC 2000). Nur ist die Volkswirtschaftslehre mehr als die Wissenschaft dieser Bereiche. Mit Ausnahme von SHEPPARD (2001) sieht das in der sachsonischen Subzivilisation ganz ähnlich aus. Hier besitzt die Debatte aber eine zusätzliche Dimension, nämlich eine Auseinandersetzung mit den Strukturalisten. Dadurch sind die Beiträge der Debattanden schwerlich direkt mit deutschen vergleichbar.

In beiden Wissenschaftsregionen wird laut darüber geklagt, dass die NEG die fundamentalen Erkenntnisse der eigenen, "vermeintlich neuen" Wirtschaftsgeographie nicht gebührend berücksichtigt hat, was nur z.T. auch auf SHEPPARD (2001, S. 132) zutrifft. Wie aber sollte sie das bei dem oben skizzierten Ziel wohl tun? So bleiben als nennenswerte Ausnahmen in diesem Jammertal

➔ der erste Hinweis auf eine anderswo stattfindende Debatte von OSMANOVIC (2000),

➔ die Stärken-Schwächen-Analyse von KOSCHATZKY (2002),

➔ SHEPPARDS (2001) Kritik und Angebot zur Gesprächsbereitschaft, welche von sehr vielen Seiten geteilt wird, und die von einem milde gestimmtem KRUGMAN (2000) ebenso signalisiert worden ist und

➔ die Versuche STERNBERGS (2001 a & b), URBANS (2001) oder PINES (2001), die semantischen Dimensionen der NEG-Modelle zu beschreiben, die zunächst einmal zu ihrem breiteren Verständnis beitragen und eine Debatte erst in Gang setzen könnten. Wünschenswert wäre aber eine allgemeinere und systematische Darstellung, wie sie von FUJITA / KRUGMAN / VENABLES (2001) vorgegeben ist.

3.4 Zwischenergebnisse

Eine ganze Reihe von Diskussionsbeiträgen von Wirtschaftsgeographen geht deshalb vollkommen ins Leere, weil sie den ersten Hauptsatz der Neoklassik nicht beachten: **Erkenne deine Grenzen, dann optimiere**. Wissenschaftlich bedeutet er, dass für Neoklassiker als oberstes Erkenntnisziel der optimale Einsatz knapper Ressourcen im Vordergrund steht, während der äußere wirtschaftliche Datenkranz als gegeben gilt (Abb. 3.4.1). Demgegenüber stellt er – zumindest teilweise – einen Forschungsgegenstand von Wirtschaftsgeographen dar. Allein aus dieser Tatsache müssen sich Inkompatibilitäten ergeben, wenn auf beiden Seiten keine Bereitschaft besteht, den Status quo in Frage zu stellen. Dabei sollte man aber nicht erwarten, dass die Neoklassiker ihre Axiome verwerfen, sondern kann allenfalls hoffen, von der methodischen Modellschnittstelle auf E_2 in Abb. 2.3 eine Verknüpfung zu einem nicht eingezeichneten wirtschaftsgeographischen K_4 auf E_3 herzustellen. Dieses K_4 müsste erlauben, auf der Theorieebene einen Zusammenhang zu K_2 aufzubauen, ähnlich demjenigen zwischen K_1 und K_2. Das gelingt jedoch mit an Sicherheit grenzender Wahrscheinlichkeit nicht durch destruktive Kritik, sondern höchstens durch kritische Reflexion positiver Problemlösungsstrategien.

Abb. 3.4.1: Verhältnis von Neoklassik und Wirtschaftsgeographie

Auszudehnen sind diese Überlegungen auf die angenommenen konstanten Substitutionselastizität (CES) und das globale Gleichgewicht, die beide in kleinräumigen Untersuchungen oder in der raumwirtschaftlichen Erforschung bestimmter inhaltlicher Aspekte wie z.B. Innovationen etc. obsolet sein können. So werfen beispielsweise in der Regel in wirtschaftsgeographischen Untersuchungen räumlicher Versorgungsbeziehungen das **globale Gleichgewicht** und die **konstante Substitutionselastizität** Schwierigkeiten auf. Häufig gibt es nämlich mehrere lokale und regionale Gleichgewichte sowie eine erhebliche Variation der Substitutionselastizitäten. Beides wird nun einmal in beträchtlichem Maß durch den lokal / regional gebundenen Homo sociale beeinflusst, der obendrein andere Nutzenvorstellungen haben kann als der Homo oeconomicus, woraus sich eine andere Transformationsfunktion und somit eine andere Effizienz ergäbe. Kurz: **der zweite und dritte Hauptsatz der Neoklassik dürfen nicht unberücksichtigt bleiben**. Dabei muss man fragen, inwieweit das von ihr entwickelte Theorem der Opportunitätskosten möglicherweise einen Königsweg bietet. Nur, wer stellt in den teutonischen Wirtschaftsgeographien diese Fragen und sucht Antworten auf sie? Erst unter derart ventilierten Bedingungen wäre eine Annäherung beider möglich, wenn sie denn gewünscht wird. Auch wenn die Erkenntnisziele beider Wissenschaften teilweise komplementär sind, ist hervorzuheben – eines der beliebtesten Beispiele der Mikrotheorie aufgreifend: selbst der Kauf eines passenden Paars von Schuhen stiftet keinen Nutzen, wenn man den linken Fuß in den rechten Schuh steckt. Vielleicht sollte man doch erst einmal das Manual um Rat befragen, bevor man sich die Schuhe anzieht und dann über Beschwerden jammert.

Das ist keineswegs nur spaßig gemeint, wie es sich anhören mag. Schließlich ist infolge KRUGMANS Marketing Strategie in eigener Sache der Wirtschaftsgeographie – sei sie auch nur "New" – ein Platz in der Neoklassik eingeräumt worden, an dessen endgültiger Belegung man sich beteiligen sollte. Aus eigener Kraft ist es den Wirtschaftsgeographen bisher doch nicht gelungen, eine solche Position in diesem eleganten Theorienschloss zu erobern. Deshalb müssen jetzt nicht alle zur Neoklassik konvertieren. Ganz im Gegenteil, man sollte nur die möglich gewordene Vernetzung mit ihr vornehmen, andererseits aber weiter eine offene Wissenschaft pflegen, wie es im raumwirtschaftlichen Ansatz bereits getan wird. Anstatt Don Quichotte zu spielen sollte man sich besser vor Augen führen, dass die NEG-Theoreme globale Aussagen zu Optima machen wie die gesamte neoklassische Theorie, also auch die klassischen Raumwirtschaftstheorien, die alle notwendigerweise nur Grundprinzipien von Erklärungsansätzen liefern. Es sei daran erinnert, dass im widrigsten Fall ein Optimum gar keinen empirischen Erklärungsgehalt haben könnte, wie in Kap 2 ausgeführt worden ist. Viele Sachverhalte bleiben also im Detail unberücksichtigt, die nach Erklärungen verlangen. Diesbezüglich könnten die wirtschaftsgeographischen Residualansätze riesige Lücken schließen, nur können sie nicht das globale Grundgerüst ersetzen, welches einen Ordnungsrahmen im Chaos der Beliebigkeit darstellt. Möglicherweise sind SHEPPARDS (2001) Reminiszenzen an Wirtschaftsgeographen, deren Arbeiten deutliche Anknüpfungen an die Mikrotheorie aufweisen, mehr als das Aufzeigen von Bezugspunkten denn als das Klagen über die Nichtbeachtung durch die NEG zu interpretieren. Auf jeden Fall aber hätte er seine Aufzählung um ein Vielfaches verlängern müssen, wenn er nur einen Blick über den amerikanischen Tellerrand nach Britannien oder gar in die teutonische Subzivilisation geworfen hätte.

Das Missverständnis ist deshalb perfekt, weil beide Seiten tatsächlich voneinander glauben, die jeweils andere habe ähnliche bzw. gleiche Erkenntnisziele wie man selbst. In Äußerungen von Seiten der Geographen taucht immer wieder die Meinung auf, die theoretischen Sätze der Ökonomie würden die reale Wirtschaft erklären. Das muss aber a priori nicht zutreffen, sondern wäre im regionalen Einzelfall zu prüfen. Nur kann das dann inhaltlich nicht pauschal geschehen, vielmehr müssten die einzelnen Parameter und Variablen der Modelle im Mittelpunkt der Debatte stehen, was jedoch nicht der Fall ist. Man könnte dann SUNLEYS (2001) Allegorie des Gerüstes in positivem Sinne aufgreifen und die Frage ventilieren, welche Modellterme eine Verknüpfung mit den zahllosen Einzelteilen zulassen, die sich innerhalb des derart geschaffenen Ordnungsrahmens befinden. Um diese Vorstellung ein wenig zu konkretisieren, sei an die o.a. Schwierigkeiten bei der Operationalisierung von Transportkosten in unvollkommenen Märkten erinnert. Die vorgetragene Kritik wäre doch wenig hilfreich, wenn im Anschluss daran wieder nur zur Beschreibung von Singularitäten übergegangen würde. Ein möglicher Lösungsansatz ist an anderer Stelle beschrieben und vorgeführt worden (GÜßEFELDT 2002, 2003).

Andererseits belegen die Äußerungen KRUGMANS (1998, S. 84 ff.), die er typischerweise im Abschnitt "*The Exile of Economic Geography*" vorträgt, dass er eigentlich von wirtschaftsgeographischen Modellen Ähnliches wie von ökonomischen erwartet: "*Central-place theory, rank-size rules, gravity equations, market potential analyses: these were certainly modeling efforts, even if they did not go all the way to maximization and equilibrium.*" Betrachtet man nur diese wenigen von KRUGMAN erwähnten Modelle, stellt man leicht fest, dass bei ihrer Anwendung Parameter optimiert werden, um eine möglichst gute Übereinstimmung zwischen Modellaussagen und Indikatoren zur Abbildung eines realen Systems zu erzielen. Ganz offensichtlich hätte es seinen Erwartungen mehr entsprochen, nicht nur dieses wirtschaftsgeographische Optimierungsfenster soweit wie möglich zu öffnen, sondern dabei auch gleichzeitig die wirtschaftswissenschaftlichen Ziele nicht aus den Augen zu verlieren. Ganz der axiomatischen Neoklassik verhaftet, gibt er seiner Verwunderung darüber Ausdruck, dass Wirtschaftsgeographen sich damit begnügen, die Modellaussagen getrennt voneinander zu betrachten und nicht den Zusammenhang zwischen ihnen. Trotz allen Einlenkens hält er seine diesbezügliche Kritik aufrecht: "*One cannot fault the geographers for their failure to develop full maximization-and-equilibrium models – although one can perhaps complain about their failure to understand how far short of that ideal they were falling.*"

Somit bleibt die spannende Frage unbeantwortet, ob und auf welche Weise es Wirtschaftsgeographen gelingen wird, ihre Konzepte und Erkenntnisse derart zu gestalten, dass sie wenigstens mit denjenigen der Wirtschaftswissenschaften kompatibel sind. Es sei dahingestellt, ob dabei auch noch der von KRUGMAN geforderte hohe Modellierungsstandard der Ökonomie eingehalten werden muss, den man bei Bedarf schließlich nachreichen könnte. Entscheidend ist m.E. das Auffinden geeigneter Schnittstellen zwischen den komplementären Modellaussagen. Für KRUGMAN (1998, S. 88) erscheint es jedenfalls zweifelhaft, einen Weg aus dem "*intellektuellen Müll, der während des lang dauernden Exils der Wirtschaftsgeographie angehäuft wurde, zu finden*" (Übersetzung J.G.). Mir kommen dieselben Zweifel, weil tatkräftig an der Verlängerung des Exils auf unbestimmte Zeit gearbeitet wird.

Bleibt abschließend festzuhalten, dass Märchenerzählungen auf der Basis einer frühwissenschaftlichen Hermeneutik und ausgefeilte Theorien der räumlichen Organisation der Wirtschaft auf der metatheoretischen Grundlage eines gereiften kritischen Rationalismus nicht miteinander kompatibel sein können. Sie werden auch so lange in diesem Zustand der Inkompatibilität verharren, wie mit missionarischem Eifer – übrigens in typisch teutonischer Manier – versucht wird, einen neuen Monismus auf den Schild zu heben. Das geschieht glasklar auf Kosten des wissenschaftlichen Nachwuchses, sofern die Berufungskommissionen, auf deren Zusammensetzung die Missionare keinen Einfluss haben, nicht nur aus Geographen rekrutiert werden, sondern auch mit Wirtschafts- und Naturwissenschaftlern besetzt sind, denen das Verständnis für eine Märchen erzählende Wissenschaft fehlt. Wo das keine Rolle spielt, wird das Fachgebiet die nicht zuletzt durch KRUGMANS Marketing Strategie neu gewonnene Reputation verlieren und sich wahrscheinlich das Szenario bewahrheiten, welches RODRÍGUEZ-POSE (2001) mit seinem Titel treffend umschreibt: "*Killing Economic Geography with a 'Cultural Turn' Overdose*".

> Es ist ein Glück, daß die Gedanken-Leerheit keine solche Folgen hat, wie die Luftleerheit, sonst würden manche Köpfe, die sich an die Lesung von Werken wagen, die sie nicht verstehen, zusammengedrückt werden.
>
> G.C. LICHTENBERG [L 325] 1798.

4. CHRISTALLERS Erklärungsansatz

Anknüpfend an den oben in Abb. 2.2 in allgemeiner Form aufgeführten Syllogismus, sei CHRISTALLERS Erklärung nun in derselben Art wiedergegeben (Tab. 4.1). Dabei ist zu beachten, dass diesem Vorgehen seine statische Erklärung zugrunde liegt, die er selbst als "*mathematisch-starres Schema*" (S. 73) und bei seinen Überlegungen hinsichtlich der dynamischen Entwicklung eines zentralörtlichen Systems als "*fehlerhaft*" (S. 101) bezeichnete. Er war also offensichtlich derselben Überzeugung wie KRUGMAN (1998, S. 87), so dass man nur mit Erstaunen dessen erhebliches Informationsdefizit feststellen muss. Immerhin besteht die Möglichkeit einer falschen Übersetzung, die man von Deutschland aus aber nicht nachweisen kann, da die englische Fassung von CHRISTALLERS Werk hier nicht verfügbar ist.

Trotz seiner früheren Bekanntheit, dürften sieben Jahre nach erfolgter Finalisierung einige erläuternde Anmerkungen angebracht sein. Die Gesetzmäßigkeit G_1 beschreibt das Verhalten des Homo sociale, wie oben bereits gezeigt worden ist. Demgegenüber drücken die Ausgangsbedingungen A_1 bis A_6 Klassen von konstant gehaltenen Eigenschaften aus, die teils einer weiteren Betrachtung bedürfen. So etwa sind unter der Bezeichnung isotrope Oberfläche (a) die räumlich regelmäßige Verteilung der Spezies Homo oeconomicus mit identischen Präferenzen, (b) die Identität der Raumstruktur für jeden Punkt und (c) die Freiheit des Marktzugangs zu verstehen. So meint (b) auch eine gleichmäßige Verkehrserschließung bzw. "*Wegsamkeit*". Während (a) logisch zwingende Konsequenzen für die gesamte "*Germanische Geometrie*" hat, scheint (b) eher den Theorieverstand ihrer Verfasser aufgrund des eigenen Realismus verwirrt zu haben.

Eine räumliche Verteilung ist genau dann als regelmäßig zu bezeichnen, wenn alle benachbarten Standorte identische Distanzen zueinander haben. Diese Definition kann nur erfüllt werden, wenn alle Standorte auf den Eckpunkten eines Gitternetzes liegen, welches aus gleichseitigen Dreiecken besteht, wie es im linken Teil der Abb. 4.1 durch die Doppelpfeile ansatzweise eingetragen ist (vgl. auch die Abbildungen 5.1.1.3 und 5.1.1.4). Im rechten Teil der Abb. 4.1 ist dieselbe Situation für ein quadratisches Gitter wiedergegeben. Lässt man euklidische Distanzen bei der Bestimmung von Raumüberwindungskosten zwischen benachbarten Standorten zu, gibt es im quadratischen Gitter zwischen diagonal benachbarten Standorten und horizontal und vertikal benachbarten Nachfrageorten unterschiedliche Entfernungen. D.h. dadurch würde die Annahme der räumlich regelmäßig verteilten Nachfrage verletzt. Das hätte zur Folge, ein globales Maximum der Nachfrage wäre unerreichbar, weil die "Diagonalfahrer" immer höhere Transportkosten zahlen müssten.

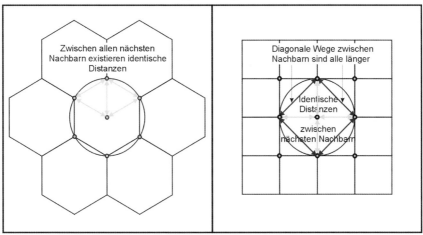

Abb. 4.1: Ausgangspunkt der "Germanischen Geometrie"

Des Weiteren wäre ein globales Gleichgewicht zwischen Angebot und Nachfrage nicht leicht zu erzielen. Jedenfalls gibt es dann immer nur eine spezielle Lösung für den Status quo, nicht aber eine allgemeine Lösung, die bspw. auch noch nach einer Bevölkerungsverdichtung gelten würde. Die unter Wirtschaftsgeographen und Regionalökonomen übliche und von KRUGMAN (1998) als "*murky*" oder bestenfalls "*ad-hoc-modeling*" kritisierte Abbildungsart würde damit propagiert. Beide Verletzungen würden sich dann sogar bis in eine verletzte Effizienz auswirken. Abweichungen von der räumlichen Regelmäßigkeit, deren Wirkungen man an diesem einfachen Beispiel ablesen kann, pflanzen sich auf die nächste Ebene fort, wenn es gilt, flächendeckende Marktgebiete zu bestimmen. Es scheint, als ob die "alten Germanen" bessere Neoklassiker gewesen sind, als es die heutigen "Indianer" sind.

Tab. 4.1: Eine Zusammenfassung der statischen zentralörtlichen Theorie

G1:	Die Nachfrage nach zentralen Gütern und Dienstleistungen nimmt mit zunehmender Entfernung von Angebotsstandorten infolge steigender Transportkosten im Mittel ab.
A1:	Es existiert eine unbegrenzte isotrope (= in allen Richtungen gleiche Eigenschaften aufweisende) Oberfläche. (Vgl. Text).
A2:	Alle Teile dieser Oberfläche werden gleichmäßig mit allen Gütern und Diensten versorgt.
A3:	In jedem zentralen Ort einer Rangstufe werden auch alle zentralen Güter aller niedrigeren Rangstufen angeboten.
A4:	In zentralen Orten werden keine Extra-Gewinne erwirtschaftet (außer den in monopolistischer Konkurrenz üblichen Zusatzgewinnen. J.G.).
A5:	Der Gewinn in den zentralen Orten wird dadurch maximiert, dass sie einen Standort mit größtmöglichem Abstand zu den Konkurrenten haben.
A6:	Alle Konsumenten minimieren ihren Aufwand (= maximieren ihren Nutzen) dadurch, dass sie für jede Nachfrage den entsprechenden nächst-benachbarten zentralen Ort aufsuchen.
H1:	Es gibt bestimmte Größentypen zentraler Orte, in denen jeweils eine bestimmte Anzahl von zentralen Gütern und Diensten angeboten werden. D.h. es gibt eine Hierarchie zentraler Orte.
H2:	Es existiert eine bestimmte Anzahl zentraler Orte, die sich vom Systembildenden Ort ausgehend als Summe einer geometrischen Folge mit dem Quotienten k = 3 ergibt. D.h. es gibt eine gestufte Hierarchie zentraler Orte und keine kontinuierliche Rangfolge. [$h_i = k^i$, für i = 0, 1, 2, ..., m Hierarchiestufen]
H3:	Alle zentralen Orte liegen auf den Eckpunkten eines Gitternetzes, das durch regelmäßige Sechsecke gebildet wird.

Eine gleichmäßige Verkehrserschließung bedeutet, dass zwischen allen Standorten Verkehrswege identischer Qualität angenommen werden. Sie verlaufen deshalb auf den Linien des Dreiecksgitters, dessen Eckpunkte die Standorte der kleinsten Siedlungen sind. Die Einführung von Verkehrswegen, die eine schnellere / leichtere Verbindung zwischen ausgewählten Standorten ermöglichen, stellen zunächst einen logischen Widerspruch dar. Selbst wenn eine ganze Wirtschaftslandschaft abgeleitet ist, kann man nicht plötzlich ein zusätzliches Hochleistungsverkehrsnetz einführen, weil dadurch das ganze System der Angebotsstandorte verändert wird. Für alle Nachfrager, die an diesen Verkehrslinien wohnen, verringern sich dann die Transportkosten mit der Folge, dass sie mehr Güter nachfragen, wodurch das Gleichgewicht gestört wäre und somit eine Änderung des Angebots nach sich ziehen würde. D.h. der Verkehr kann erst in der weiteren Entwicklung des Siedlungssystems als Faktor wirksam werden. Das von CHRISTALLER als "*Verkehrsprinzip*" abgeleitete Zentrensystem wird ursächlich nicht vom Verkehr beeinflusst, worauf bereits LÖSCH (1940, S. 86) hingewiesen hat, sondern ist Folge eines ganz anderen Einflusses, wie in Tab. 5.1.2.2 gezeigt wird.

Zur dritten Ausgangsbedingung rechnet CHRISTALLER (1933, S. 47) ein Beispiel für den Konsum zentraler Güter anhand einer standörtlichen Koinzidenz und Trennung von Arzt und Apotheke vor. Dabei zeigt er den Mehrverbrauch beim standörtlichen Zusammenfallen beider und kommt zu dem Schluss: "*in einem Gebiet, in dessen zentralem Ort mehrere Arten zentraler Güter angeboten werden, ist der Verbrauch an zentralen Gütern überhaupt höher als in einem Gebiet, wo nur eine oder wenige Arten zentraler Güter angeboten werden.*" Da ihm eine optimale Versorgung vorschwebte, muss A_3 eine Bedingung gewesen sein.

Nicht ganz so leicht ist A_4 zu durchschauen. In Lehrbüchern der Wirtschaftsgeographie wird sie meistens nicht erwähnt, sondern man findet nur den falschen einleitenden Hinweis, dass den Raumwirtschaftstheorien die Vorstellung der vollständigen Konkurrenz zugrunde liegt. CHRISTALLER konnte die zeitgleich mit der eigenen erschienene Arbeit von CHAMBERLIN (1933) nicht kennen. Es ist daher bemerkenswert, dass er selbst an keiner Stelle von vollständiger Konkurrenz spricht, sondern immer nur von "*freier Konkurrenz*". An einer Stelle (1933, S. 42) macht er jedoch eine Bemerkung, die im Grunde die Basis der CHAMBERLIN'SCHEN Theorie widerspiegelt: "*der Preis ist (meist) nach Gutdünken des Verkäufers variabel.*" Ohne CHRISTALLER überinterpretieren zu wollen, wie DEITERS (1978, S. 9) das zwar richtig, aber unbegründet tut, stellt er mit dieser Anmerkung doch eine Verknüpfungsmöglichkeit zur aktuellen Mikrotheorie her. In Tab. 4.1 ist deshalb von mir ein entsprechender Zusatz angefügt worden.

Man sollte einem Denker wie CHRISTALLER nicht unterstellen, dass er es mit diesem selbst als "*fehlerhaft*" eingestuften Erklärungsansatz hat bewenden lassen. Dieser statische Aspekt ist für ihn lediglich der Ausgangspunkt seiner Überlegungen zur weiteren dynamischen Entwicklung des realen Zentrensystems. Verglichen mit den Ausgangsbedingungen der NEG nimmt sich bildlich gesprochen dieser Ansatz wie ein Schweizer Präzisionsuhrwerk zu einem Haufen von Zahnrädern aus, der erst noch zu einer Uhr zusammengesetzt werden soll. Die eigentliche CHRISTALLER'SCHE Theorie der zentralen Orte, wie sie in dem eingangs aufgeführten Zitat von KRUGMAN eingefordert wird, folgt in "*Vorgänge der Dynamik*" (1933, S. 86-133). Es ist sehr erstaunlich, dass dieser Teil der eigentlichen Theorie seit sieben Jahrzehnten von der überwiegenden Mehrzahl aller Zentralitätsforscher offenbar nicht einmal zur Kenntnis genommen worden ist. Ein möglicher Grund dafür könnten die komplexen interdependenten Beziehungen zwischen den in der Statik konstant gehaltenen Größen u.a. von Angebot, Nachfrage, Preis, Elastizität und Gewinn sowie dem Faktor der Reichweite sein, auf die CHRISTALLER, nicht immer konsequent, schon in seiner Statik verweist (1933, S. 42, 58, 76). In seiner Dynamik schließlich wird dann darüber hinaus auch noch die Veränderlichkeit der "Geometrie" ventiliert. Wenn man das alles nicht zur Kenntnis nimmt, zeugt die vernichtende Bewertung als "*Deskriptionsschema*" (FUJITA / KRUGMAN / VENABLES 2001, S. 27) lediglich von borniertet Ignoranz.

4.1 Zum Markteintritt von Anbietern

Ursprünglich war es nicht vorgesehen, etwas zum Thema des Markteintritts von Produzenten bzw. Anbietern zu sagen. Die Ausführungen von CHRISTALLER und LÖSCH erschienen mir vollkommen ausreichend, zumal sie aus der Sicht der Mikrotheorie nochmals von DEITERS (1978, S. 5 ff.) ausführlich dargelegt worden sind. Die teilweise berechtigte eingangs zitierte Kritik von KRUGMAN (1998, S. 87), die sich offensichtlich mehr gegen Darstellungen in wirtschaftsgeographischen Lehrbüchern richtet als gegen die Urheber selbst, wäre durch entsprechende marginale Änderungen in den Texten zu berücksichtigen. Jedoch sind jetzt BATHELT / GLÜCKLER mit ihrer "*relationalen*" Wirtschaftsgeographie auf den Plan getreten, in der sie sich zu diesem Themenkreis (2002, S. 109 ff.) derart oberflächlich äußern, dass es schon gerechtfertigt ist, ihre Ausführungen als falsch einzustufen. In einer von ihnen als "*Preis-Mengen-Diagramm*" (Abb. 34, S. 110) bezeichneten Graphik stellen sie durch nicht explizit benannte Kurven eine Situation dar, die (a) eine kurzfristige Singularität, (b) die Sonderfälle inadäquater Marktgebiete oder (c) sonstiger Spezialfälle beschreibt. Interpretiert man ihre gestrichelte Kurve als Erlös- und ihre durchgezogene als Kostenfunktion, ergeben sich für den betrachteten Anbieter Extra-Gewinne, die sowohl CHRISTALLER (1933, S. 40 ff.) als auch LÖSCH (1940, S. 57 ff.) ausgeschlossen haben. Darüber bestand bislang Konsens, wie man SCHÄTZL (2001, S. 72 ff.) und DICKEN / LLOYD (1999, S. 21 ff.) entnimmt, aber auch allen anderen Veröffentlichungen, in denen von Gleichgewichtspreisen der Güter ausgegangen wird.

Eine Singularität kann man nicht als falsch bezeichnen, zumal es unbestritten ist, dass sie dem Wunschdenken jedes Produzenten entspricht. Denn, wer möchte keine Extra-Gewinne machen? Die Falschheit ergibt sich erst aus den weiteren Ausführungen von BATHELT / GLÜCKLER (2002, S. 111), wobei nicht ihre vereinfachende Annahme gemeint ist, "*dass der Produzent seine Kunden selbst beliefert.*" Sie ist höchstens verwirrend, weil sie bereits vorher z.B. Universitäten oder Verwaltungen als zentrale Einrichtungen erwähnt haben, die ihre Produkte den Kunden gar nicht nach Hause liefern können. [Man muss solche Konfusionen vor dem Hintergrund sehen, dass die Autoren ihr Buch für Studierende und nicht für Professoren geschrieben haben]. Weiter führen sie aus: "*Um seine Transportkosten möglichst gering zu halten, wird er in diesem Fall zuerst die nahe gelegensten Kunden beliefern. Bei stetiger Produktionsausdehnung muss der Produzent Kunden in immer größerer Entfernung beliefern, was dazu führt, dass sich sein Absatzgebiet ausdehnt. Dies geschieht so lange, bis der Produzent sein Gewinnmaximum erreicht hat.*" Zusammengefasst ist dagegen einzuwenden:

Die Funktionen von Totalkosten und –erlösen sowie daraus abgeleiteter Extra-Gewinne spielen in beiden Raumwirtschaftstheorien keine Rolle bei der Entscheidungsfindung über den Markteintritt von Anbietern / Produzenten. Nur im Spezialfall ausschließlich anfallender Fixkosten böten die Gesamterlöse eine Entscheidungshilfe für die Aufnahme bzw. Fortführung der Produktion von bspw. Beiprodukten. Aber nicht alle zentralen Güter sind Beiprodukte.

In beiden Raumwirtschaftstheorien können Produzenten nur in den Markt eintreten, wenn sie in gleicher Weise sowohl die Orts- als auch die Gebietsnachfrage befriedigen. Die ausschließliche Befriedigung der Ortsnachfrage geschieht nicht durch zentrale, sondern ubiquitäre Güter, die kein Gegenstand der Theorien sind. Würden sie hingegen nur die Ortsnachfrage und ein Teil der Gebietsnachfrage befriedigen, könnten sie ihr Angebot gar nicht machen, weil es sich nicht rentieren würde.

Die Anbieter sorgen nicht erst durch die Maximierung ihrer Extra-Gewinne für eine flächendeckende Versorgung der Bevölkerung, sondern durch eine rationale a priori Kalkulation von möglichen Gleichgewichtspreisen ihrer Güter.

Bevor man beginnt, über Gewinnmaximierung zu parlieren, ist es zwingend erforderlich klar zu machen, welche Marktform eigentlich vorherrscht. Wie im vorigen Abschnitt bereits gesagt, ist es nicht ganz leicht festzustellen, von welcher Vorstellung CHRISTALLER selbst ausgegangen ist. Wahrscheinlich war es diejenige der vollständigen Konkurrenz, die in dem damaligen Mainstream der Ökonomie vorherrschte. Konsequenterweise erläutert DEITERS (1978, S. 7/8) das Anbieterverhalten unter dieser Bedingung so ausführlich, dass auf eine Wiederholung verzichtet werden kann. Typischerweise ist die Umsatz- oder Erlösfunktion bei vollständiger Konkurrenz eine Gerade mit positiver Steigung. Demgegenüber verwenden BATHELT / GLÜCKLER (2002, Abb. 34) einen logistischen Verlauf der Erlöse wie er für die Marktform der monopolistischen Konkurrenz typisch ist, wofür man vergeblich nach einer Begründung sucht. Auch diese Verhältnisse stellt DEITERS (1978, S. 9 ff.) dar, fokussiert dabei aber bereits sehr stark auf das Verhalten der räumlich vom Anbieter distanzierten Nachfrager. Das ist zwar für seine Arbeit zielführend, wäre aber nicht so strikt erforderlich gewesen, weil Anbieter immer – unabhängig von der Marktform – eine Vorstellung von der potenziellen Nachfragefunktion haben müssen. Deshalb sei im Folgenden ein Blick auf diese Zusammenhänge geworfen. Dabei können auch gleich einige Begrifflichkeiten geklärt werden, die sonst im Weiteren zu Missverständnissen führen könnten.

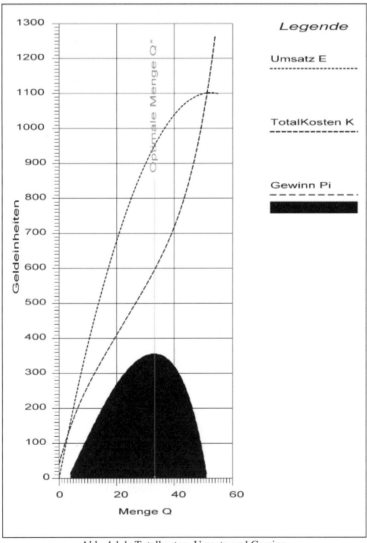

Abb. 4.1.1: Totalkosten, Umsatz und Gewinn

Tab. 4.1.1: Numerisches Beispiel zur Ermittlung von Entscheidungsparametern eines Erstanbieters

Prod. Menge Q	Stückpreis DE	Umsatz E	Total Kosten K	Gewinn P	Grenzkosten GK	Durch. Kosten DK	Grenzerlös GE	Var. Durch. K. VDK
0	0.0	0	42	-42	0	0	0	0
5	40.0	200.0	169.1	30.9	25.4	33.8	38.0	25.4
10	38.0	380.0	262.8	117.2	18.7	26.3	34.0	22.1
15	36.0	540.0	340.2	199.8	15.5	22.7	30.0	19.9
20	34.0	680.0	410.7	269.3	14.1	20.5	26.0	18.4
25	32.0	800.0	479.2	320.8	13.7	19.2	22.0	17.5
30	30.0	900.0	549.5	350.5	14.0	18.3	18.0	16.9
35	28.0	980.0	626.5	353.5	15.4	17.9	14.0	16.7
40	26.0	1040.0	720.3	319.7	18.8	18.0	10.0	17.0
45	24.0	1080.0	848.4	231.6	25.6	18.9	6.0	17.9
50	22.0	1100.0	1039.1	60.9	38.1	20.8	2.0	19.9
55	20.0	1100.0	1334.6	-234.6	59.1	24.3	-2.0	23.5

Den Ausgang bildet die von BATHELT / GLÜCKLER (2002, Abb. 34, S. 110) geschilderte Situation, die hier in etwas anderem Maßstab in Abb. 4.1.1 wiedergegeben ist. Der Erlös oder Umsatz ist eine nicht lineare Nullpunktsfunktion (E), die rechts von ihrem Maximum wieder fällt, was hier aber nur noch angedeutet ist. Sie ist das Produkt aus dem Stückpreis (DE) und der produzierten Menge eines Gutes (Q). Während Ersterer bei vollständiger Konkurrenz konstant ist – dann wäre E eine Gerade – sinkt er bei monopolistischer Konkurrenz mit der Menge des produzierten Guts, weil Skalenerträge wirksam sind. Man kann das leicht anhand von Tab. 4.1.1 nachvollziehen, indem man die Werte in Spalte 1 (=Q) mit denjenigen in Spalte 2 (=DE) multipliziert und dann die Ergebnisse in Spalte 3 (=E) erhält. Die Funktion der Totalkosten (K) spiegelt die wirtschaftliche Bewertung aller eingesetzten Produktionsfaktoren (Boden, Arbeit, Kapital und technisches Wissen) wieder. Sie ist durch Spiegelung der Ertrags- bzw. Produktionsfunktion an ihrer Diagonalen und einer positiven Translation in Höhe der fixen Kosten herzuleiten. Ihr Ordinatenabschnitt symbolisiert die Fixkosten, die auch schon vor Aufnahme der Produktion relevant sind. Die Differenz zwischen Erlös und Kosten ergibt den Gewinn oder Profit (Π), der in Abb. 4.1.1 als Gewinngebirge erscheint, dessen Spitze sich über der gewinnmaximalen Produktionsmenge Q* erhebt.

Der maximale Gewinn – die Erlös- und Kostenfunktion haben in diesem Punkt Tangenten mit identischen Steigungen – legt nach BATHELT / GLÜCKLER (2002, S. 110) ein "*optimales Umland*" fest, indem sie eine Transformationsfunktion d = T(Q) einführen, die sie jedoch nicht näher explizieren. Im einfachsten Fall setzt sie eine vollkommen regelmäßige räumliche Bevölkerungsverteilung voraus, was sie selbst einräumen. Das ist aber nicht der Punkt meiner Kritik, wenngleich mir nicht klar ist, wie man durch ihre Anwendung aus dem "*Verlauf der Erlös- und*

Kostenkurven ein minimales und maximales Umland bestimmen kann". Diesbezüglich verfügen heutige Studierende der Wirtschaftsgeographie offensichtlich über fundiertere Kenntnisse als ich. Meine Kritik kann sich deshalb nur auf die Vorstellung beziehen, dass ein Unternehmen, welches mit maximalem Gewinn und einem *"optimalen Umland"* in den Markt eintritt, weiter seinen Extra-Profit maximieren kann. Hierzu werden jetzt die weiteren in der Mikrotheorie gängigen Entscheidungsparameter betrachtet (vgl. z.B. SCHUMANN / MEYER / STRÖBELE 1999 oder STOCKER 2002 aus einer Vielzahl vorhandener Mikro-Lehrbücher).

In korrekten Explikationen der Zentralörtlichen Theorie (z.B. HAGGETT 1991, S. 465) wird unter den Ausgangsbedingungen – wie auch oben in Tab. 4.1 als A_4 – u.a. aufgeführt, dass die Unternehmen keine Extra-Gewinne erzielen. Meistens wird in diesem Zusammenhang dann aber auch auf die Gewinnmaximierung von Produzenten / Anbietern hingewiesen. Dieser scheinbare Widerspruch wird durch die Aussagen von BATHELT / GLÜCKLER (2002, S. 111) eher bekräftigt als geklärt. Deshalb müssen jetzt unter den von ihnen betrachteten Bedingungen die wichtigsten entscheidungsrelevanten Parameter näher beleuchtet werden. Dies sind:

Der Stückpreis oder Durchschnittserlös (DE) spiegelt nicht nur für den Produzenten den abnehmenden Anteil der Fixkosten bei steigender Produktionsmenge wieder, wie oben schon erwähnt worden ist. Gleichzeitig ist der Stückpreis ein Indikator für den Marktpreis. Deshalb bildet die umgekehrt proportionale Funktion zwischen Menge und Durchschnittserlös – die Preis-Absatz-Funktion – das Verhalten des mengenanpassenden Nachfragers ab. Sie ist somit ein Stellvertreter der Nachfragefunktion (N), deren Gleichung lautet: $DE = 42 - 0.4 \times Q$.

Die Grenzkosten (GK) beschreiben den Kostenzuwachs (pro Stück) bei der Produktion einer zusätzlichen Gütereinheit. Im Normalfall müsste man nur die stückweise Veränderung der Totalkosten berechnen, indem man von den Kosten für eine bestimmte Produktmenge diejenige der vorherigen abzieht. Bei klassifizierten Daten wie in Tab. 4.1.1 muss diese Kostendifferenz noch durch die zugehörige Mengendifferenz dividiert werden. Im ersten Schritt also $(169.1 - 42)/(5 - 0) = 25.4$ Geldeinheiten.

Der Grenzerlös (GE) ist der Umsatzzuwachs durch den Verkauf einer zusätzlich produzierten Gütereinheit abzüglich des Mindererlöses für die bei geringerer Produktionsmenge zu einem höheren Preis verkauften Einheiten. Das ist eine Folge des fallenden Stückpreises bei Erhöhung der Produktion, wenn das Unternehmen in monopolistischer Konkurrenz steht. Der Grenzerlös kann durch die Amoroso-Robinson-Relation bestimmt werden: $GE = \text{Stückpreis} \times (1 - 1 / \text{Elastizität})$. (Bei klassifizierten Daten muss die Intervallelastizität und nicht die Punktelastizität verwendet werden). Davon müssten im konkreten räumlichen Fall noch die Frachtstückkosten zwischen Produzent und Kunden abgezogen werden (LÖSCH 1940, S. 96). Kennt man die Parameter der Preis-Absatz-Funktion, kann man sie mit der doppelten Steigung verwenden. Zur Berechnung der Werte von GE in Tab. 4.1.1 lautet sie dann: GE = 42 – 0.8 × Q.

Die Durchschnittskosten (DK) setzen sich aus den Fixkosten und den variablen Kosten zusammen und geben die Stückkosten der Produktion an. Im Beispiel der Tab. 4.1.1 muss man jeweils die Totalkosten (K) durch die Menge Q teilen. Entsprechen die Stückkosten dem Stückpreis, ist der Break-Even-Point erreicht.

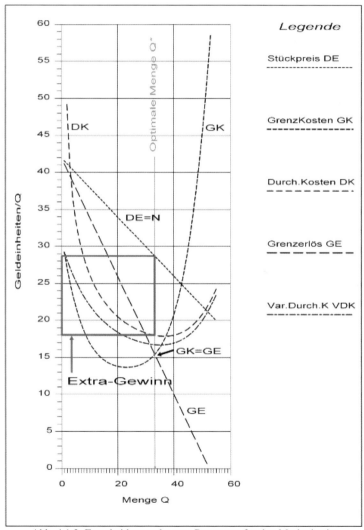

Abb. 4.1.2: Entscheidungsrelevante Parameter für den Markteintritt

Die variablen Durchschnittskosten (VDK) beschreiben die Stückkosten ohne Berücksichtigung der Fixkosten. In Tab. 4.1.1 muss man von den jeweiligen Totalkosten die Fixkosten in Zeile zwei (=42) abziehen und dann durch Q dividieren. Der Minimalpunkt der VDK, an dem sie gleich den Grenzkosten sind, markiert den Shut-Down-Point, der den Marktaustritt des Unternehmens signalisiert, wenn der Stückpreis (= Marktpreis) diesen Punkt erreicht oder unterschreitet.

Nachdem jetzt alle entscheidungsrelevanten Parameter definiert sind, kann man sich ihre Verläufe in Abb. 4.1.2 näher anschauen. Die u-förmigen Verläufe der Kostenparameter sind typisch. Der Punkt, in welchem die von unten kommende Grenzkostenkurve die Grenzertragsfunktion schneidet (GK = GE), also der Kostenzuwachs genau dem Ertragszuwachs entspricht, legt die gewinnmaximale Menge Q* der Produktion fest. Zieht man durch diesen Punkt eine Senkrechte nach oben, so schneidet sie die Funktionen der Durchschnittskosten und der Durchschnittserträge. Die Differenz zwischen Stückpreis und Stückkosten ergibt den Stückgewinn, den man an der rechten Seite des dick umrandeten Rechtecks in Abb. 4.1.2 ablesen kann. Der Inhalt dieses Rechtecks entspricht dann dem Gesamtgewinn aus Stückgewinn multipliziert mit der Menge Q*. Unter Gewinnmaximierung versteht man üblicherweise das Bestreben des Unternehmens, den gewinnmaximalen Punkt zu erreichen und die produzierte Menge Q* auch zu verkaufen.

BATHELT / GLÜCKLER hingegen scheinen etwas ganz anderes unter Gewinnmaximierung zu verstehen. Der Anbieter tritt in der in Abb. 4.1.2 skizzierten Situation mit einem satten Extra-Profit in den Markt ein und beginnt jetzt zu maximieren. Nur, wie sollte ihm das wohl gelingen? Eine Ausweitung der Produktion führt in Folge steigender Kosten in den Ruin, was zweifellos nicht das Unternehmensziel sein kann. Sollten sich andererseits seine Kosten senken lassen, dann weist dieser Umstand auf eine irrationale Kostenkalkulation hin, die zumindest auf der Theorieebene ausgeschlossen ist. Bleibt letztlich nur noch eine Ausweitung des Produktionsapparates, die zu einer geänderten Kostenstruktur führen könnte. Ein solches Verhalten erscheint aber ebenfalls irrational, weil man wahrscheinlich von vorneherein eine größere Produktionsanlage kostengünstiger als einen Umbau hätte realisieren können. Sollte also eine weitere Maximierung nicht gelingen, worauf vieles hindeutet, blieben nach dem o.a. Zitat von BATHELT / GLÜCKLER weite Teile der Bevölkerung unversorgt. Das ist nicht nur im Rahmen der beiden betrachteten Raumwirtschaftstheorien falsch, sondern auch ökonomisch unsinnig.

Auch ohne diese Einzelargumente weiter zu berücksichtigen, ist m.E. der Markteintritt eines Anbieters unter den skizzierten Bedingungen irrational, außer er sei ein echter Lehrbuch-Monopolist, der ein lebensnotwendiges, nicht substituierbares Gut herstellt und zu echter Preisdiskriminierung fähig ist. Nur treten solche weder bei CHRISTALLER noch LÖSCH auf, sondern es sind in der Regel Produzenten in "*freier*" oder "*monopolistischer Konkurrenz*", was in der o.a. Situation völlig außer Acht gelassen wurde. D.h. der angezeigte satte Extra-Profit würde Konkurrenten auf den Plan rufen, die ja freien Marktzutritt haben.

Die mögliche Planungskalkulation eines solchen Konkurrenten ist in numerischer Form in Tab. 4.1.2 angegeben und in Abb. 4.1.3 visualisiert. Bezüglich der Kosten ergibt sich kein Unterschied zu dem Vorgänger, so dass alle Entscheidungsparameter der Kostenseite dieselben Verläufe wie vorher aufweisen. Realistischer Weise gedenkt er jedoch nicht mit einem Extra-Gewinn in den Markt einzutreten, sondern mit einem Gleichgewichtspreis, der nicht zu einem solchen führt. Das wird dadurch erreicht, dass die Preis-Absatz-Funktion und die Grenzerlös-Funktion nach links verschoben werden bis Erstere eine Tangente der Durchschnittskosten darstellt. Selbstverständlich könnte sie dabei auch noch in einen flacheren Verlauf gedreht werden, wenn der Konkurrent etwa über bessere Marketingkenntnisse verfügen würde, was aber nicht unterstellt werden soll. Der sich ergebende Stückpreis P* bei der optimalen Ausbringungsmenge Q* liegt rd. 8 Geldeinheiten unter demjenigen des ersten Anbieters / Produzenten. Sollten die Nachfrager diese Stückpreisdifferenz honorieren, ließe sich die Konsequenz für den Erstanbieter ausrechnen, der daraufhin seine Preis-Absatz-Funktion ebenfalls korrigieren müsste. Ihre damit eingeleitete Bewegung, die ebenso in umgekehrter Richtung verlaufen kann, wenn der Angebotspreis a priori zu niedrig kalkuliert worden ist, beschreibt LÖSCH (1940, S. 68) als CHAMBERLIN'SCHE Operation. Sie wird von Anbietern und Nachfragern verursacht und endet immer bei einem Gleichgewichtspreis, der für jeden Produzenten durchaus unterschiedlich sein darf.

Tab. 4.1.2: Numerisches Beispiel zur Ermittlung von Entscheidungsparametern eines Konkurrenten

Prod. Menge Q	Stückpreis DE	Umsatz E	Total Kosten K	Gewinn P	Grenzkosten GK	Durch. Kosten DK	Grenzerlös GE	Var. Durch. K. VDK
0	0	0	42	-42	0	0	0	0
5	26.5	132.7	169.1	-36.4	25.4	33.8	24.5	25.4
10	24.5	245.3	262.8	-17.5	18.7	26.3	20.5	22.1
15	22.5	338.0	340.2	-2.2	15.5	22.7	16.5	19.9
20	20.5	410.7	410.7	0.0	14.1	20.5	12.5	18.4
25	18.5	463.3	479.2	-15.9	13.7	19.2	8.5	17.5
30	16.5	496.0	549.5	-53.5	14.0	18.3	4.5	16.9
35	14.5	508.7	626.5	-117.9	15.4	17.9	0.5	16.7
40	12.5	501.3	720.3	-219.0	18.8	18.0	-3.5	17.0
45	10.5	474.0	848.4	-374.4	25.6	18.9	-7.5	17.9
50	8.5	426.7	1039.1	-612.4	38.1	20.8	-11.5	19.9
55	6.5	359.3	1334.6	-975.3	59.1	24.3	-15.5	23.5

Dabei ist zu bedenken, dass der Konkurrent seinen Standort im Einzugsbereich des Erstanbieters in einer Entfernung von 2 × (fob-Preis + Frachtrate ×

Weglänge) wählen kann (LÖSCH 1940, S. 60). Dadurch verschiebt sich die Nachfragekurve – rational handelnde Konsumenten vorausgesetzt – für den Erstanbieter zwingend nach links unten, so dass dieser Nachfragerückgang den Extra-Gewinn verkleinert. Auch wenn nach diesem Markteintritt des ersten Konkurrenten der Extra-Profit schon verschwunden sein sollte, ziehen noch fünf weitere Konkurrenten nach, von denen jeder zu allen bereits vorhandenen denselben Abstand einhält. Durch diese beginnende Raumordnung der Wirtschaft verschwinden die Extra-Gewinne und der Erstanbieter wird so eingezingelt, dass er seinen Einzugsbereich gar nicht nach außen vergrößern kann, und trotzdem werden alle Umländer vollständig versorgt.

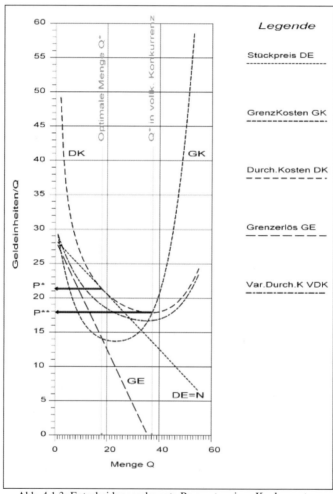

Abb. 4.1.3: Entscheidungsrelevante Parameter eines Konkurrenten

Im Gegensatz zur Marktform der vollständigen Konkurrenz, in der von homogenen Gütern ausgegangen wird, werden in der Marktform der monopolistischen Konkurrenz vergleichbare, aber differenzierte Güter angeboten und nachgefragt. Diese Differenzierung kann bereits durch etwas scheinbar vollkommen Belangloses wie bspw. die Verpackung erfolgen, so dass Nachfrager für sonst identische Schokoriegel in blauem Papier eine andere Präferenz entwickeln können als für solche in grünem Papier. Das hat – alle anderen Einflüsse ausgeschaltet – für den Verlauf der Nachfrage eines bestimmten Gutes eine fundamentale Konsequenz. Die Nachfragekurve für ein homogenes Gut verläuft waagerecht und zeigt somit eine unendlich große Preiselastizität der Nachfrage an. Die geringste Preiserhöhung führt zu einem vollkommenem Rückgang der Nachfrage, wenn die Preise der Substitutionsgüter konstant bleiben. Demgegenüber werden in monopolistischer Konkurrenz bei der Preiserhöhung eines differenzierten Gutes nicht alle Kunden abspringen, sondern nur einige. Daraus ergibt sich dann die bekannte Mengenanpassung entlang einer negativ geneigten Nachfragekurve, worauf weiter unten nochmals zurückgekommen wird.

Hier sei betont, dass das Modell der vollkommenen Konkurrenz einen Extremfall beschreibt, der zu Vergleichen mit anderen Marktformen besonders geeignet ist. Zu diesem Zweck ist in Abb. 4.1.3 ein waagerechter dicker Pfeil vom Minimum der Stückkostenkurve – dem Break-Even-Point – nach links bis zur Ordinate eingezeichnet worden. Sein Verlauf symbolisiert die Nachfragekurve nach einem homogenen Gut und gleichzeitig zeigt er auf den Gleichgewichtspreis $P**$ bei vollkommener Konkurrenz, der den minimalen Stückkosten entspricht. Sein Fußpunkt kennzeichnet die ökonomische Kapazität der Produktionsanlage. Der Gleichgewichtspreis $P*$ bei monopolistischer Konkurrenz liegt erkennbar über $P**$ und verdeutlicht somit, wie viel den Konsumenten ihre Präferenz Wert ist. Diese Differenz habe ich oben in Tab. 4.1 und im Weiteren als den **in monopolistischer Konkurrenz üblichen Zusatzgewinn** genannt. Aus den Einzeldifferenzen aller Güter lässt sich gesamtwirtschaftlich ein **Wohlstandsverlust** ermitteln, weil diese Zusatzgewinne nur den Anbietern zugute kommen, während die Konsumenten entsprechend weniger knappe Güter nachfragen können. Demgegenüber beschreibt die Differenz zwischen den beiden Fußpunkten der dicken Pfeile in Abb. 4.1.3 eine Überkapazität des Produzenten bei monopolistischer Konkurrenz. Daraus wiederum kann gesamtwirtschaftlich ein Maß für die **Ineffizienz** abgeleitet werden. Sowohl Wohlstandsverlust als auch Ineffizienz sollen hier daran erinnern, dass beiden Marktteilnehmern auch in monopolistischer Konkurrenz gesamtwirtschaftlich Grenzen bezüglich ihrer Präferenzen einerseits und Preisfestlegungen andererseits gesetzt sind. Das liegt daran, dass sie gegensätzliche Wirkungen ausüben, nämlich eine Maximierung der Anzahl von Produzenten / Anbietern differenzierter Güter auf der einen Seite und eine Maximierung der Gewinne von Erzeugern auf der anderen Seite.

Damit ist das Prinzip eines Grundgerüsts des rationalen Entscheidungsinstrumentariums zum Markteintritt von Unternehmen skizziert, das für beide Raumwirtschaftstheorien uneingeschränkte Gültigkeit besitzt. Dieses Gerüst wird im Einzelfall durch eine Fülle betriebswirtschaftlicher Instrumente für Details zu ergänzen sein, womit ich mich der Auffassung von LÖSCH (1940, S. 63) anschließe. Bleibt also nur noch zu klären, wie das Verschwinden von Extra-Gewinnen mit einer Gewinnmaximierung zu vereinbaren ist. Welche der beiden Marktformen auch immer angenommen wird, bedeuten die Gleichgewichtspunkte (P*, Q*) ja nicht, dass in diesen Situationen nichts mehr verdient wird. Ganz im Gegenteil, es werden alle eingesetzten Produktionsfaktoren entsprechend ihrer Bewertung bezahlt. D.h. im Detail, Boden und Kapital werden verzinst, Arbeiter und Angestellte verdienen ihre Löhne und Gehälter, das technische Wissen ist gekauft worden, Abschreibungen werden vorgenommen und letztendlich erhalten auch die Unternehmer ihre Unternehmerlöhne. Gewinnmaximierung bedeutet somit zweierlei:

Die Unternehmen werden nicht von einer höheren Ordnungsmacht automatisch an den gewinnmaximalen Gleichgewichtspunkt geführt, sondern seine Erreichung bedeutet vielfach eine beträchtliche Arbeit. Bei weitem nicht alle Unternehmen erreichen dieses Ziel, und wenn sie es erreicht haben, bleiben sie nicht zwangsläufig in diesem Gleichgewichtszustand, sondern müssen dessen Erhalt erarbeiten. Dieser Gesichtspunkt der Gewinnmaximierung bedeutet also nichts anderes als die ständige Produktionsanpassung an das gewinnmaximale Gleichgewicht unter sich permanent verändernden Bedingungen.

Hat ein Unternehmen die erste Hürde genommen, kann das Bestreben einsetzen, den Abstand zu dem Gleichgewichtspreis bei vollständiger Konkurrenz zu vergrößern, ohne dabei selbst aus dem Gleichgewicht zu geraten. Dadurch setzt eine Maximierung der in monopolistischer Konkurrenz üblichen Zusatzgewinne ein, wenn die Nachfrager das durch die Wahl ihrer Präferenzen zulassen. Dabei ist keineswegs auszuschließen, kurzfristig auch Extra-Gewinne zu machen, die man jedoch langfristig kaum einplanen kann.

Unter diesen beiden Aspekten dürfte sich der scheinbare Widerspruch zwischen Gewinnmaximierung und gleichzeitigem Verschwinden der Gewinne auflösen, denn gemeint sind immer die Extra-Gewinne.

In Kap. 3 sind neoklassische Modelle als effiziente Optima im Gleichgewicht charakterisiert worden. Spätestens jetzt sollte man erkennen, dass Effizienz im Sinne einer Maxime aufzufassen ist, die zwar angestrebt wird, aber möglicherweise nicht vollständig zu erreichen ist. In demselben Zusammenhang wurde oben auch bereits auf das Konzept der Opportunitätskosten hingewiesen. Konsequenterweise hätte in diesem Abschnitt der Begriff Kosten gegen Opportunitätskosten immer dann getauscht werden müssen, wenn es um Aussagen bei monopolistischer Konkurrenz ging, denn dann handelt es sich um nicht nur durch den Markt bewertete Kosten der Produktionsfaktoren und wirtschaftlichen Güter. Mit diesem Hinweis sollte die auch schon erwähnte Verknüpfungs- bzw. Anknüpfungsmöglichkeit zwischen wirtschaftsgeographischen und neoklassischen Theorien noch ein Stück deutlicher geworden sein.

> Man spricht viel von Aufklärung, und wünscht mehr Licht. Mein Gott was hilft aber alles Licht, wenn die Leute entweder keine Augen haben, oder die, die sie haben, vorsätzlich verschließen?
> G.C. LICHTENBERG [L 469] 1798.

5. Löschs Optimierungsansatz

Im Gegensatz zu CHRISTALLER, der aus der räumlichen Nachfragefunktion (Reichweitenhypothese) bei gegebenen Bedingungen eine Allokation des Güterangebots in möglichst hoher Übereinstimmung mit dem realen System ableitete, stellt sich für LÖSCH die Frage nach der Wirkung zentrifugaler und zentripetaler Kräfte (Transportkosten und Skalenerträge) auf eine optimale Allokation der Güterproduktion unter sonst konstanten Ausgangsbedingungen. Um einem möglichen Missverständnis vorzubeugen, sei daran erinnert, dass aus volkswirtschaftlicher Sicht, in allen drei Wirtschaftssektoren Güter produziert werden. Die beiden ersten Sektoren erzeugen die materiellen Produkte, der tertiäre Sektor hingegen die immateriellen Güter der Dienstleistungen. Damit ist die LÖSCH'SCHE Theorie sehr viel umfangreicher als diejenige von CHRISTALLER. Die sich aus mikrotheoretischer Sicht ergebenden Unterschiede zwischen Landwirtschaft und Industrie erklärt LÖSCH (1940, S. 21, 35 ff., 53 ff.) selbst, und er betrachtet dann nur noch den sekundären und tertiären Sektor der Güterproduktion. Seine Illustrationsbeispiele stammen größtenteils aus dem industriellen Sektor, jedoch sind seine allgemeinen Überlegungen vollkommen auf den tertiären Sektor anwendbar, womit der größere Umfang seiner Theorie erhalten bleibt.

Es scheint keine zweite Theorie zu geben, über deren inhaltliche Aussage in wirtschaftsgeographischen Kreisen eine ähnliche Unklarheit besteht. In der Regel wird in Lehrbüchern, offensichtlich infolge der von LÖSCH gewählten Terminologie, die Auffassung vertreten, seine Raumwirtschaftstheorie biete einen Erklärungsversuch industrieller Standortsysteme. Mir kreidete jüngst ein anonymer Gutachter einer Fachzeitschrift an, LÖSCHS Aussagen gälten nur für den Service-Sektor. Was ist denn nun des Pudels Kern? Aus meiner Sicht schwebte LÖSCHS eine allgemeine Standorttheorie verbrauchsorientierter Gewerbe zur Herstellung von Marktgütern vor. Dabei steht Theorie für das wirtschaftswissenschaftliche Optimum im Gleichgewicht. Außerdem liegt die Betonung auf **allgemein**, wie man bereits dem Vorwort (1940, S. III) entnehmen kann, aber auch seiner Bewertung bereits existierender Standortlehren (1940, S. 55): "*Es ist wohl mehr als ein bloßer Zufall, daß sich die Lehre vom wirtschaftlichen Standort bisher auf die Behandlung von Sonderfällen beschränkt hat.*" Seine Differenzierung der Wirtschaft beschränkt sich dann aber explizit auf Landwirtschaft und Industrie, in welche die Dienstleistungen eingeschlossen sind, wie man seinen Äußerungen entnehmen kann. Zwingend wird diese Sicht jedoch erst durch seine Betonung der "*Maximierung selbständiger Existenzen*", die er immer wieder hervorhebt, und zu der er mit seiner Theorie einen Beitrag leisten wollte. Gerade dadurch erweist sich – vor dem Hintergrund realer Gegebenheiten in Deutschland – seine Theorie als so modern, dass man sie Politikern zur Ableitung von Konzepten nur wärmstens empfehlen könnte.

5.1 Die Theorie als Syllogismus

Aus Gründen der Übersichtlichkeit und der leichteren Vergleichbarkeit ist die Theorie LÖSCHS ebenfalls in Form eines Syllogismus in Tab. 5.1.1 angegeben. Auch er trifft eine Unterscheidung zwischen "*Wirtschaftsgebieten unter einfachen Verhältnissen*" und "*schwierigen Verhältnissen*", worunter dann Ableitungen zu verstehen sind, die eine zusätzliche Dynamik der wirtschaftlichen Entwicklung bedeuten. Sie ergibt sich ebenfalls durch eine Variation der zunächst konstant gehaltenen Ausgangsbedingungen. D.h. die "*einfachen Verhältnisse*" erklären nur den anfänglichen Teil eines wirtschaftlichen Entwicklungsprozesses. Durch diese von vornherein eingeführte prozessuale Perspektive unterscheiden sich die beiden Raumwirtschaftstheorien in einem weiteren Punkt.

Bei einem Vergleich des hier angegebenen Syllogismus mit den von FUNCK (2001, S. 60) aufgeführten Annahmen, stellt man leicht Unterschiede fest. Sie liegen darin begründet, dass mir nicht klar ist, wie man allein aus Annahmen Schlüsse ziehen kann, wohl aber wie man mit ihrer Hilfe eine Optimierungsaufgabe definiert. Deshalb habe ich die von FUNCK als A_8 bis A_{11} bezeichneten Bedingungen als drei Gesetzmäßigkeit G_1 bis G_3 formuliert. Weiter sind in der isotropen Oberfläche, die eine identische Bedeutung hat wie vorher, seine A_1 bis A_4 enthalten. Außerdem erschien es mir wichtig, die von LÖSCH (1940, S. 79 u. 80) genannten Antezedenzbedingungen A_7 und A_8 explizit zu erwähnen. Nur so lässt sich m.E. eine ganze Wirtschaftslandschaft stringent herleiten.

Tab. 5.1.1: Zusammenfassung der LÖSCH'SCHEN Theorie unter "*einfachen Verhältnissen*"

G_1:	Das Angebot zu einem bestimmten Preis ist eine Funktion der durchschnittlichen Produktionskosten und der Nachfrage.
G_2:	Die Nachfrage zu einem Marktpreis nach einem Produkt sinkt proportional zu den Transportkosten seiner Versendung.
G_3:	Die Fabrikpreise sinken bei wachsender Menge des produzierten Guts infolge von Skalenerträgen.
A_1:	Es existiert eine isotrope Oberfläche (siehe Tab. 4.1 und Text in Kap. 4).
A_2:	Alle Konsumenten realisieren am Markt eine Nachfrage nach den produzierten Gütern, von denen jedes eine feste Substitutionselastizität hat.
A_3:	Angebot und Nachfrage sind flächendeckend.
A_4:	Es besteht freier Marktzutritt bei monopolistischer Konkurrenz.
A_5:	Jeder Absatzort wird vom nächsten Produktionsort beliefert, der sich in "*Siedlungslage*" befindet, wodurch die Nachfrage maximiert wird.
A_6:	Jeder Produzent maximiert seinen Gewinn.
A_7:	Es gibt mehr Güterarten als Gebietsnetze.
A_8:	Alle Marktnetze haben einen gemeinsamen Mittelpunkt.
H_1:	Verschiedene hexagonale Marktnetze gliedern den geographischen Raum dann optimal, wenn alle möglichen Standortkoinzidenzen von Produzenten realisiert werden.
H_2:	Es gibt städtearme und städtereiche Sektoren der Wirtschaftslandschaft.
H_3:	Es treten Standortcluster mit verschiedener wirtschaftlicher Funktion auf, deren Größe mit zunehmender Entfernung vom Systembildenden Ort wächst.
H_4:	Vom Systembildenden Ort ausgehend ergibt sich eine wellenförmige Oberfläche der wirtschaftlichen Erträge.

5.1.1 Gesetzmäßigkeiten und Ausgangsbedingungen

Die beiden Gesetzmäßigkeiten G_1 und G_2 beschreiben zusammen die übliche Interdependenz zwischen Angebot, Preis und Nachfrage, die von LÖSCH (1940, S. 66) auf der Mikrotheorie basierend aus den durchschnittlichen Produktionskosten abgeleitet ist. In Abb. 5.1.1.1 ist versucht worden, einige dieser Zusammenhänge zu visualisieren. In ihr findet man unter (1.) die Nachfragekurve und die Angebotsfunktion, die sich im Gleichgewichtspunkt schneiden, der besagt, dass zum Preis P_m die Menge Q_m eines Gutes auf dem Markt angeboten und verkauft werden kann. Das Gleichgewicht ergibt sich u.a. deshalb, weil die Durchschnittskostenkurve DK die Nachfragekurve in diesem Punkt tangiert, wobei er auf DK typischerweise bei Massenerzeugung und monopolistischer Konkurrenz nicht im Minimum liegt, sondern noch im Bereich positiver Grenzerlöse, wodurch Increasing Returns augenfällig werden. Der Marktpreis P_m entspricht aber noch nicht dem Preis, den die Nachfrager zu bezahlen haben, da er noch um die Transportkosten bzw. Versendungskosten zu erhöhen ist, was unter (2.) dargestellt ist. Projiziert man T_1 auf die Preisachse von (1.), so erhält man den Preis P_1 der Nachfrage. Die eingezeichnete Mengenreaktion verdeutlicht die Störung des Gleichgewichts, wenn alle Nachfrager tatsächlich P_1 bezahlen müssten. Der Gleichgewichtspunkt müsste also nach rechts unten rutschen, wie durch den Pfeil angedeutet. Diese Situation ist nach (3.) auf einen geographisch lokalisierten Markt übertragen worden, auf dem nur die kleinere Menge $_1Q_m$ nachgefragt wird. Bei gegebener Nachfragefunktion kann man ausrechnen, welche Ausdehnung das Marktgebiet eines Produzenten haben muss, der mit dem Angebotsüberhang Q_m aus Kostengründen eintreten muss, und ob er überhaupt auf dem lokalisierten Markt Fuß fassen kann. Dreht man die Nachfragefunktion um den Markt, ergibt sich der räumliche Nachfragekegel von LÖSCH, wenn A_5 zutrifft. Ein zusätzlicher Aspekt von Entwicklung wird durch G_3 eingebracht, wodurch bei Weiterreichung zumindest eines Teils der Zusatzgewinne Gebietsvergrößerungen möglich werden oder konkurrierenden Anbietern der Markteintritt erleichtert wird, wobei Letzteres das wahrscheinlichere Ereignis ist. D.h. Skalenerträge bewirken in jedem Fall Wachstumseffekte.

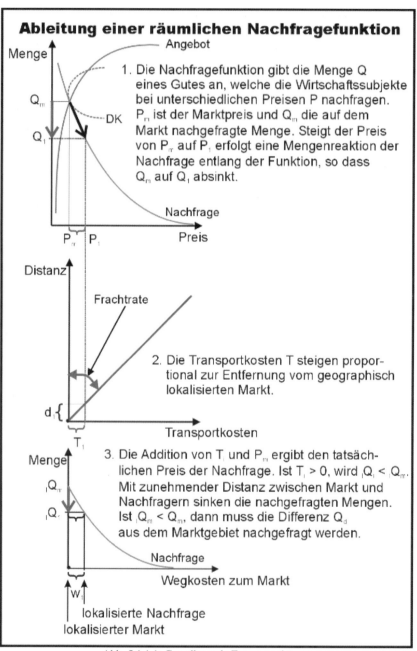

Abb. 5.1.1.1: Grundlegende Zusammenhänge

In A_2 wird spezifiziert, dass im Weiteren lediglich die erfolgreichen Marktzutritte von Produzenten differenzierter Güter betrachtet werden, die eine feste Kreuz-Preis-Elastizität besitzen. Das würde für jeden empirischen Falsifikationsversuch auf mikro- oder mesoskaliger Ebene das Aus bedeuten. Hier geht es jedoch um die Ableitung eines globalen Optimums auf der Theorieebene, so dass man ohne diese Konstanz nicht zum Ziel kommt. Es sei aber betont: die Substitutionselastizität gilt nur für verschiedene differenzierte Güter untereinander und ist **nicht** mit der Nachfrageelastizität identisch. Mit A_3 stellt sich die Frage, wie eine Flächendeckung erreicht wird. Zu diesem Zweck erinnert LÖSCH (1940, S. 69 ff.) daran, dass es nur möglich ist, eine gegebene Fläche durch regelmäßige Polygone zu unterteilen, wenn es sich um Dreiecke, Vierecke oder Sechsecke handelt. Sodann beweist er, dass die Nachfrage nur bei hexagonaler Gliederung ein Maximum ist. Er hatte also nicht "*the big geometric insight – that market areas should be hexagonal –* " wie KRUGMAN (1998, S. 38) frozzelt, sondern er tritt mit ökonomischem Theorieverstand den Beweis an, dass nur diese Raumgliederung zu einem Optimum führen kann. Andere räumliche Unterteilungen sind demgegenüber unwirtschaftlich, so dass man sich fragt, wie man sich zwei Regionen der NEG vorzustellen hat. Noch bohrender aber wird diese Frage, wenn die rudimentäre "*twoness*" (FUJITA / KRUGMAN / VENABLES 2001, S. 79 ff.) zugunsten eines "*Drei-Regionen-Falls*" aufgegeben wird, die auf einem Dreiecksgitter angeordnet sind, also dem unwirtschaftlichsten von allen. KRUGMANS Ignoranz kulminiert in seiner Beurteilung: "*Rather, the problem with the German tradition must surely have been that it seemed to be about geometry, not about economics as the increasingly dominant Anglo-Saxon mainstream understood it*" (1998, S. 39). Man könnte also getrost den Spieß umkehren und die begründete Ansicht vertreten, die NEG-Theoretiker – allen voran KRUGMAN – betrachten keine optimale Ökonomie, sondern eine suboptimale Indianer-Wirtschaft. [Eine solche Beschimpfung ist zwar kontraproduktiv, aber sie erleichtert].

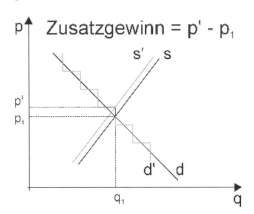

Abb. 5.1.1.2: Angebot und Nachfrage bei monopolistischer Konkurrenz

Auf der Angebotsseite ist schon auf die Wirkung der monopolistischen Konkurrenz hingewiesen worden, die ihr Pendant auf der Nachfrageseite (A_4) haben muss. LÖSCH erläutert im Detail die "*CHAMBERLIN'SCHE Operation*", wie es zur Berührung der Nachfrage- mit der Kostenkurve kommt. Hier wird auf die Wiedergabe verzichtet, um das Grundprinzip an dem einfachsten nur denkbaren Fall darzulegen (Abb. 5.1.1.2), dem Angebot (s) eines differenzierten Produkts und seiner Nachfrage (d) durch einen Konsumenten, der unter normalen Bedingungen zum Preis p_1 die Menge q_1 nachfragen würde. Man stelle sich eine Tankstelle, die Benzin (ROZ 91) verkauft, und einen Autofahrer vor. Entwickelt er für das Produkt von A eine Präferenz, so wird er versuchen, möglichst immer Benzin von A zu tanken. Dafür gibt es zwei Gründe: (a) Konsumenten neigen aufgrund positiver Erfahrungen zu habituellem Verhalten ($\equiv$ Erfolgshypothese von HOMANS 1972) und (b) infolge technischer Rückständigkeit können die mit A konkurrierenden Anbieter nicht dieselbe Qualität des Produkts herstellen ($\equiv$ Entwicklungshypothese). Beide Gründe wirken sich dahingehend aus, dass der Autofahrer bei einer moderaten Preiserhöhung "seiner" Marke treu bleibt, auch wenn die Konkurrenten bei der Anhebung des Preises nicht mitziehen. In Abb. 5.1.1.2 ist das durch die Linksverlagerung der Angebotskurve nach s' symbolisiert. Da die Nachfrage des Autofahrers auf die Preisänderung auf p' keine Mengenreaktion zeigt, ist sie offensichtlich starr. Die Angebotsfunktion d beschreibt seine Nachfrage an dieser Stelle nicht richtig, sondern nur im Durchschnitt. Man könnte sich deshalb eine Treppenfunktion d' vorstellen, deren senkrechte Kanten die momentane Starrheit der Nachfrage (= vollkommene Unterelastizität) ausdrücken, wodurch der Anbieter einen Zusatzgewinn realisieren kann.

Bereits CHAMBERLIN (1933) hat darauf hingewiesen, dass beide o.a. Gründe nicht nur für die Nachfrage einzelner Produkte gelten, sondern auch für räumlich lokalisierte Angebote und ihre Standorte. Deshalb war es nahe liegend, der Frage nachzugehen, ob es für räumliche Angebotscluster weitere Chancen für zusätzliche Gewinne ihrer Anbieter gibt. Der Nachweis gelingt sehr einfach, wenn man den inneren Ausschnitt eines Marktnetzes um den Systembildenden Ort mit den nächst-benachbarten Konkurrenten anschaut (Abb. 5.1.1.3). Als Voraussetzungen gelten die in Tab. 5.1.1 aufgeführten Bedingungen A_1 bis A_8. Betrachtet man die Nachfrage nach dem Gut k19 aus einer kleinsten Siedlung, die randlich im Marktgebiet liegt, dann beträgt der kürzeste Transportweg 8 km zwischen Produktions- und Absatzort, der durch den ausgezogenen dicken Pfeil gekennzeichnet ist. Zwei alternative kürzeste Wege zu einem Konkurrenten sind als dicke gestrichelte Pfeile angegeben. Sie verdeutlichen, dass ihre Länge um 4 km größer ist, was ∂w Kosteneinheiten entspricht. Kommen die Anbieter k19 auf die Idee, den Preis für das Gut k19 um einen Betrag $< \partial w$ zu erhöhen, dann bleibt den Nachfragern kaum etwas anderes übrig, als diese Preiserhöhung zu akzeptieren, wenn alle anderen Bedingungen konstant bleiben. In Abb. 5.1.1.3 ist dieser Sachverhalt rechts unten in einem Gleichgewichtsdiagramm veranschaulicht. Da in den kleinsten Siedlungen jeweils mehrere Nachfrager wohnen, ist als Nachfragekurve d19 keine Treppe wie in Abb. 5.1.1.2 eingetragen, denn die individuellen stufenförmigen Funktionen gleichen sich bei ihrer Addition annähernd zu einem stetigen Verlauf aus. Die Linksverschiebung der Angebotskurve von s19 nach s'19 zeigt die Preiserhöhung an. Erfolgt keine Mengenreaktion, bedeutet das eine Rechtsverlagerung der Nachfragekurve von d19 nach d'19, wodurch die zusätzliche räumliche Dimension der monopolistischen Konkurrenz sinnfällig wird, Enträumlichern und Raumexorzisten zum Trotz. Das Gesagte gilt für alle Güter, so dass der Schluss zulässig ist, je mehr Produzenten verschiedener Güter in einem Standortcluster konzentriert sind, desto größer wird die Summe der Zusatzgewinne. Hiermit wird – in Ergänzung von Abschnitt 4.1 – ein weiterer Gesichtspunkt von Gewinnmaximierung beleuchtet.

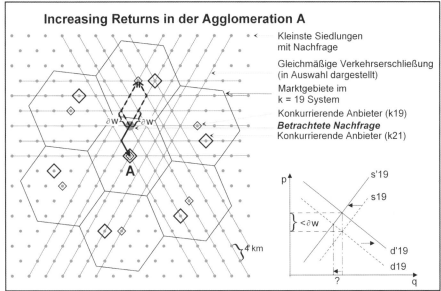

Abb. 5.1.1.3: Die räumliche Dimension der monopolistischen Konkurrenz

Während A_6 keine Fragen aufwerfen dürfte, ist besonders A_7 näher zu erläutern, da LÖSCH selbst diesbezüglich in seinem Text geometrische Sachverhalte beschreibt, zu denen er häufig in Fußnoten die ökonomischen Bedeutungen anfügt. Hier kann es nicht darum gehen, seine formal korrekten Anweisungen zur Konstruktion von Hexagonen zu wiederholen, sondern nur darum, einige grundsätzliche Hinweise zu geben, die m.E. im Original ein wenig zu kurz kommen. Da ist zunächst einmal die Überlegung, welche Standorte die Produzenten wählen, die von LÖSCH (1940, S. 75 ff.) in zwei ganzen Abschnitten erläutert wird, in denen er zu der Entscheidung gelangt, dass die Siedlungslage im Durchschnitt mehr Vorteile bzw. keine Nachteile gegenüber der Schwerpunktlage bietet. Mit ihr wird eine Bedingung eingeführt, welche die Marktnetze vollkommen prädeterminiert. Da die Produktionsorte dann selbst wieder auf einem gleichseitigen Dreiecksgitter liegen, jedoch mit größerer Kantenlänge als demjenigen der kleinsten Siedlungen, ergibt eine flächendeckende regelmäßige Gliederung in Marktgebiete ein hexagonales Marktnetz. Diese Hexagone sind nämlich nichts anderes als Thiessen- bzw. Voronoi-Polygone auf dem Dreiecksgitter der Produktionsorte. Diese Eigenschaft bietet bei Bedarf einen Weg, eine Verknüpfung zwischen theoretischem und realem System herzustellen. Dazu muss man nur folgende Überlegung durch die Anwendung eines GIS oder eines anderen geeigneten Programms umsetzen:

1. Alle Standorte auf der realen Ebene sind durch eine Delaunay-Triangulation als Eckpunkte eines Dreiecksgitters – einem TIN – abzubilden.
2. Jede Dreiecksseite des TIN entspricht topologisch einem Ein-Schritt-Weg zwischen den Eckpunkten.
3. Die Projektion auf eine entsprechend eingedellte Gummihaut ergibt ein gleichseitiges Dreiecksgitter.
4. Die Umkehrung dieser Projektion führt wieder zu dem TIN und dem auf ihm basierenden Netz von Voronoi-Polygonen.

Damit dürfte CHRISTALLERS eigener Einwand der "*mathematischen Starrheit*" widerlegt sein, den er aus rein geographischer Phänomenologie meinte, gegen seine Überlegungen anführen zu müssen. LÖSCH hingegen war fest überzeugt, eine optimale Lösung entwickelt zu haben. Für einen Vergleich mit der Wirklichkeit präferiert er aber die "*deutlichen und einfachen Verhältnisse vorzüglich Nordamerikas*" (1940, S. 238), weil er offensichtlich befürchtete, bei einem Vergleich mit den "*komplizierteren deutschen bzw. europäischen Verhältnissen*" nicht genügend geordnete Beziehungen eindeutig herstellen zu können, um das von ihm zutiefst verabscheute Chaos der Realität zweifelsfrei auf Ordnungen zurückführen zu können. Die Anwendung heutiger Technologie, die ich in den o.a. vier Sätzen skizziert habe, dürfte dieses Problem minimieren. Wenn also im Folgenden einige geometrische Sachverhalte besprochen werden, sollte man daran denken, dass die Geometrie bis zu einem gewissen Grade eine anschauliche, notwendige Vereinfachung eines Systems auf der Theorieebene bietet, das durch ein Transformationsmodell eindeutig mit einem realen System auf der Beobachtungsebene zu verknüpfen ist. Die Geometrie ist somit nicht Selbstzweck, sondern eine von mehreren möglichen Methoden, die es an den Stellen zu klären gilt, die bisher eher Verwirrung gestiftet haben.

5.1.2 Die k-Werte

Als erstes sei die Bedeutung der von LÖSCH (1940, S. 85) – **nicht** von CHRISTALLER - eingeführten k-Werte betrachtet, die er definiert *als: "k = Anzahl der nächst kleineren Untergebiete"*. Anhand von Abb. 5.1.2.1 kann man sich verdeutlichen, was das heißen soll. Auf der Ebene der kleinsten Orte wird damit ein gedachtes hexagonales Ortsgebiet beschrieben, welches sonst menschenleer ist, weil die Nachfrager in der Siedlung leben. Ein Drittel dieses Gebiets inklusive desselben Teils der Siedlung wird einem Produktions- bzw. Angebotsort zugeordnet. Dieselbe Situation ist in Abb. 5.1.2.1 für ein kleinstes Marktgebiet von $_1P_1$ visualisiert, dessen Drittel auf der zweiten Hierarchiestufe den Produktionsorten $_2P_1$, $_2P_2$ und $_2P_3$ zugeordnet sind. Im Grunde sind diese Teilgebiete wieder irrelevant, weil nur die Nachfrage aus den Dritteln der Orte interessiert. Die jetzt näher zu $_2P_1$ liegenden kleinsten Siedlungen O_1, O_2 etc. werden nun vollständig dem Angebotsstandort der zweiten Stufe zugeordnet, wie die Pfeile anzeigen, während sie auf der Stufe darunter nur je zu einem Drittel zu ihm gehörten.

Insgesamt ist das Vorgehen der Klassiker zwar nicht falsch, aber so kompliziert, dass es unmöglich ist, den theoretischen Begriff "Drittel Marktgebiet" als Entität zu definieren. In der bislang betrachteten Situation einer zweistufigen Hierarchie ist dieses "Drittel Marktgebiet" keine gleich bleibende kleinste Einheit, sondern eine Variable, deren relevante Eigenschaft an unterschiedlich viele Entitäten – die kleinsten Siedlungen – gebunden ist, deren Anzahl sich mit jeder Stufe ändert. Wie eine solche Änderung aussieht, ist in Abb. 5.1.2.1 aus dem Vergleich der beiden exemplarisch unterteilten Marktgebiete von $_1P_1$ und $_2P_4$ abzulesen. Dieses Problem ist sehr einfach zu lösen, indem man nicht die sonst leeren Marktgebiete, sondern nur noch die kleinsten Orte – ökonomisch selbstverständlich deren Nachfrage – berücksichtigt. Dadurch ändert sich auf der ersten Hierarchiestufe an dem Wert des Zuordnungsfaktors nichts, weil gilt: $1 \times {_1P_1} + 6 \times 1/3 O_i = 3$. Auf der zweiten Stufe sieht das aber anders aus: $1 \times {_2P_1} + 6 \times O_i + 6 \times 1/3 {_1P_i} = 9$, wie aus Abb. 5.1.2.1 ablesbar ist, was ebenso von LÖSCH (1940, S. 86) in seinen Abbildungen 35 und 36 angegeben ist.

Worin eigentlich der Unterschied besteht, lässt sich am besten formal erläutern. Besitzt eine Folge von Zahlen $a_1, a_2,..., a_m$ (mit $a_1 \neq 0$) die Eigenschaft $a_{i+1} / a_i = \underline{konstant}$ – für $i = \varepsilon\{1, 2,..., m-1\}$ –, dann handelt es sich um eine geometrische Folge. Bei Betrachtung der Marktgebiete ist $a_1 = 1$ und der Zuordnungsfaktor k ist mit dem Quotienten der Folge identisch. Wenn man jedoch die kleinsten Siedlungen betrachtet, ist $a_1 = k$ und k ist für alle Hierarchiestufen > 1 nicht mehr der Zuordnungsfaktor, sondern nur noch der formale Quotient der geometrischen Folge, an dem sich gegenüber vorher nichts ändert. Die Zuordnung ist dann für jede Stufe gegeben durch: $N_i = a_1 \times k^{(i-1)}$, für $i = 1, 2,..., m$ Hierarchiestufen und entspricht damit der CHRISTALLER'SCHEN Hierarchiehypothese. Tab. 5.1.2.1 gibt einige Resultate der Anwendung dieser Formel wieder. Diese Lösung bietet nunmehr die Möglichkeit, die kleinsten Siedlungen als geographische Entitäten der lokalisierten Nachfrage aufzufassen, die bei Bedarf als digitale Objekte zu präsentieren sind, um eine Verknüpfung zwischen theoretischem und realem System herzustellen.

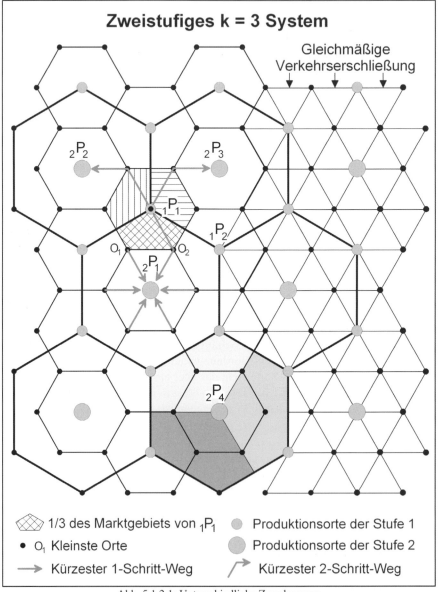

Abb. 5.1.2.1: Unterschiedliche Zuordnungen

Tab. 5.1.2.1: Anzahl der Absatzorte in hierarchischen Systemen

Stufe \ k=	3	4	7	13
1	3	4	7	13
2	9	16	49	169
3	27	64	343	2'197
4	81	256	2'401	28'561
5	243	1'024	16'807	371'293
6	729	4'096	117'649	4'826'809
7	2'187	16'384	823'543	62'748'517

Sowohl CHRISTALLER als auch LÖSCH haben sicher nicht die Marktgebiete zur Grundlage ihrer Aussagen gemacht, um ihre Leser zu verwirren, sondern weil sie beide davon überzeugt waren, dass ihre theoretischen Systeme nicht direkt, sondern nur interpretativ mit der Wirklichkeit zu verbinden seien. Außerdem hatte jeder einen weiteren Grund, ausgerechnet die Marktgebiete zu betrachten. CHRISTALLER gelang es auf diese Weise, den räumlichen Bezug des Parameters seiner hypothetisierten Hierarchie herzustellen. LÖSCH hingegen hat den Nachfragekegel mit Hilfe der Bevölkerungsdichte so definiert, dass sein Inhalt mit der Gesamtnachfrage über einer bestimmten Grundfläche übereinstimmt. So konnte er den Beweis führen, dass eine flächendeckende Raumgliederung durch Hexagone ökonomisch optimal ist. Da er die Entwicklung eines algebraischen Systems von Standortgleichungen für seine Ableitungen zwar angibt (1940, S. 57 ff.), aber nicht weiter betrachtet und eine Hierarchie von Standorten für ihn kein primäres Erkenntnisziel war, hätte er diese Definition seines Nachfragekegels in seinen Folgerungen auch getrost fallenlassen können. Andererseits stört seine Festlegung aber nicht weiter, weil er ohnehin nur Marktnetze der ersten Rangstufe verwendet, für die $k = N_1$ ist. D.h. die k-Werte entsprechen bei gegebener Nachfrage- und Angebotsfunktion dem notwendigen Mindestumsatz, den ein Produzent erzielen muss, um ein rentables Angebot machen zu können.

In Tab. 5.1.2.2 ist nochmals eine Zusammenfassung typischer k-Werte, ihrer inhaltlichen Bedeutungen sowie ihrer räumlichen Wirkungen auf die Marktnetze wiedergegeben, die wohl keiner zusätzlichen Erläuterung bedarf. Damit erhebt sich die Frage, welche Marktnetze für die Ableitung einer Wirtschaftslandschaft relevant sind. Bei einer stetig auf der isotropen Oberfläche verteilten Nachfrage gäbe es unendlich viele Marktnetze. Nun wird aber von der Bedingung einer räumlich regelmäßigen, diskreten Verteilung der Bevölkerung ausgegangen, die in kleinsten Siedlungen lebt. Da diese auf den Eckpunkten eines Gitternetzes gleichseitiger Dreiecke angeordnet sind, stellt dieses Netz eine determinierende Bedingung bei der Konstruktion der Marktnetze dar, so dass von unendlich vielen nur eine endliche Anzahl übrig bleibt. Ihr in A_8 berücksichtigter gemeinsamer

Mittelpunkt ist bei der Anlage des ersten Netzes noch unerheblich, weil der erste innovative Unternehmer eine vollkommen freie Standortwahl seiner Produktionsstätte hat. Erst wenn weitere Produzenten in den Markt eintreten, wirkt sich der Standort des ersten Innovators aus.

Tab. 5.1.2.2: Die Bedeutung unterschiedlicher k-Werte von Marktnetzen

Werte $k = N_1$ [*)]	Inhaltliche Bedeutung	Nächster Konkurrent und räumliche Ausprägung
1	Autarke Selbstversorgung.	-
2	Rudimentäre Raumwirtschaft. Je zwei "kleinste" Siedlungen entwickeln eine rentierende Nachfrage. [Zusammenarbeit von räumlich getrennten Spezialisten: Jäger – Sammler, Nomaden – Bauern etc.]	$d_1 = a_0$ = Abstand der "kleinsten" Siedlungen untereinander.
3	Der besondere Fall maximaler Konkurrenz der Anbieter. Alle Nachfrageorte liegen auf den Ecken von Hexagonen, so dass ihre Nachfrage auf die maximale Zahl von Konkurrenten (=3) ausgerichtet ist. Das ist nur bei einer entsprechend hohen Nachfrage möglich.	$d_1 = a_0 \times \sqrt{3}$
4	Die Nachfrage ist niedriger als vorher, so dass ein Angebot erst dann lohnt, wenn es mindestens die Hälfte der Einwohner der "kleinsten" Siedlungen nachfragt. Es besteht Konkurrenz zwischen 2 Produzenten, worin der entscheidende Unterschied zu k = 3 besteht, **nicht** aber in der Verkehrssituation. Jeder Nachfrager muss auch jetzt nur einen Ein-Schritt-Weg zum nächsten Anbieter zurücklegen.	$d_1 = 2 \times a_0$
7	Die Nachfrage aus jeder "kleinsten" Siedlung ist so niedrig, dass Anbieter auf die Nachfrage aus 7 solcher Siedlungen angewiesen sind, um ein rentables Angebot machen zu können. Die räumliche Dimension des monopolistischen Wettbewerbs kann sich voll auswirken.	$d_1 = a_0 \times \sqrt{7}$
> 7	Je kleiner die am Markt realisierte Nachfrage der "kleinsten" Siedlungen ist, desto mehr von ihnen müssen auf einen Anbieter ausgerichtet sein. Es entstehen lokale/regionale Monopole.	$d_1 = a_0 \times \sqrt{k}$

[*)] Gilt nicht für k = 1 und 2, die Sonderfälle darstellen

5.1.3 Die Konstruktion von Marktnetzen und ihre Rotation

Bereits TARRANT (1973) hat eine Antwort auf diese Frage gegeben, die programmierbar ist, weshalb hier nur die Grundregel der Konstruktion zuerst an Abb. 5.1.3.1 wiederholt werden soll. Fällt die Standortwahl des ersten Innovators – bei gegebener Kosten- und Nachfragefunktion für die Güterklasse k7 – zugunsten von A aus, ist für ihn die Nachfrage aus A und den eingekreisten sechs kleinsten Orten relevant, die er befriedigen muss, um seinen Gleichgewichtspunkt (P*, Q*) zu erreichen. Würden Menschen in Orten außerhalb des Kreises sein Angebot nachfragen, würde die Nachfragekurve in Abb. 5.1.1.1 seine Kostenkurve schneiden, wodurch seine Extraprofite wachsen würden. Diese Situation führt zum schnellen Markteintritt der frühen Adoptoren, von denen der erste mit seiner Standortwahl das gesamte Marktnetz für die Güterklasse k7 festlegt. Für ihn stellt sich die Entscheidung, einen Standort aus den beiden Mengen S oder S' zu wählen, von denen jeder in der in Tab. 5.1.2.2 angegebenen euklidischen Distanz von A entfernt ist, die jeweils einem kürzesten Weg von drei Schritten im Verkehrsnetz entspricht. Die Schritte von zwei Wegen sind durch die Pfeile in Abb. 5.1.3.1 markiert. Einige andere 3-Schritt-Wege wären zwar möglich, die aber jeweils zusätzliche Sondergewinne der Produzenten von k7 bewirken und deshalb weitere Konkurrenten zum Markteintritt veranlassen. Dasselbe trifft auch zu, wenn sich die frühen Adoptoren für Standorte in größerer Entfernung entscheiden. Damit ergibt sich eine anfängliche Entwicklungsdynamik mit einer ständigen Reorganisation der Raumwirtschaft, die erst mit Erreichen des Gleichgewichts zu vorläufiger Ruhe kommt. Dieselben Vorgänge spielen sich übrigens auch bei der Entstehung des CHRISTALLER'SCHEN Systems Zentraler Orte ab. FUNCK (2001, S. 66 ff.) beschreibt diesen Standortwettbewerb ähnlich, nur hat er leider die Ausgangsbedingung der "*Siedlungslage*" nicht beachtet, was aber auf das Endergebnis keine Auswirkung zeigt. Wahrscheinlich dürfte der Entwicklungsprozess dann jedoch sehr viel länger dauern, weil die Zahl der irrtümlich wählbaren Standorte unendlich groß ist, während demgegenüber die "*Siedlungslage*" nur eine endliche Anzahl von Wahlmöglichkeiten zulässt.

Halten wir also fest, dass die endgültige Standortwahl des ersten Innovators und des ersten Adoptors das gesamte Netz von Marktgebieten einer Güterklasse festlegen, wobei der Beginn mit k7 nicht zwingend ist. In Abb. 5.1.3.1 sind die möglichen Alternativen für k7 durch das offene und das grau ausgefüllte Netz dargestellt. Ein Vergleich beider verdeutlicht, dass sie gegeneinander um den Mittelpunkt A gedreht sind, sonst aber dieselben Eigenschaften besitzen. Genau diese Drehung der Netze entspricht der rätselhaften LÖSCH'SCHEN Rotation, die nichts anderes als eine Folge der Entscheidung von Anbietern / Produzenten für einen Standort ist und auf deren diesbezüglicher Wahlfreiheit beruht. Sie wird also nicht im Nachhinein durchgeführt, wie einige Interpreten geglaubt haben, um zu den in Tab. 5.1.1 genannten Schlussfolgerungen zu gelangen, sondern schon bei der Anlage der Marktnetze, um ein globales Optimum im Gleichgewicht zu erreichen. Nicht alle Netze bieten diese Wahlfreiheit, sondern nur diejenigen, die LÖSCH (1940, S. 81) als "*schiefliegend*" bezeichnet, weshalb die Eigenschaft hier am Beispiel des k = 7 Gitters demonstriert wurde. Auch TARRANT (1973, S. 114 u. 121) hat missverständlich ausgedrückt, die Rotation sei Voraussetzung zur Maximierung von Standortkoinzidenzen und zur Entstehung von städtereichen und –armen Sektoren und nicht ihre Folge. Es wird noch gezeigt, dass immer Standortkoinzidenzen und derartige Sektoren entstehen, nur ist die Stärke ihrer Ausprägung nicht maximiert, wodurch eine Abweichung vom globalen Optimum angezeigt wird.

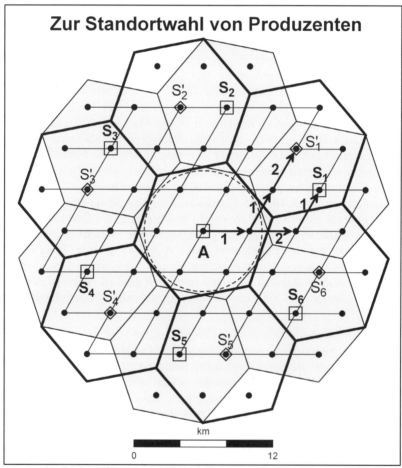

Abb. 5.1.3.1: Alternative Marktnetze für das Angebot der Güterklasse k7

Die von CHRISTALLER gewählten Marktnetze k = 3 und k = 4 sowie alle aus ihnen abgeleiteten Netze höherer Hierarchiestufen bieten diese Entscheidungsfreiheit nicht. Sie sind nämlich symmetrisch zu den kartesischen Achsen mit dem Ursprung in A und liegen somit fest, weshalb sie jetzt auch nicht betrachtet werden. Am Beispiel des Markteintritts von Produzenten einer anderen Güterklasse, jetzt k13, die aber wieder nicht zwingend ist, soll die weitere Entwicklung der Raumwirtschaft gezeigt werden (Abb. 5.1.3.2). Im Grunde ist der erste Innovator wieder vollkommen frei in seiner Standortwahl, eingedenk der Maximierung seiner Zusatzgewinne wird er aber einen der Standorte der Anbieter von k7 wählen. Ist es nicht A, dann wird dieser Mittelpunkt des Systems. Der Einfachheit halber – oder unter Berücksichtigung von A_8 – wähle er jedoch A. Seine räumliche Rentabilitätsgrenze ist wieder durch den strichlierten Kreis gekennzeichnet. Der weitere Entwicklungsprozess läuft ähnlich dem vorher beschriebenen ab. Wählen die ersten Adoptoren die Standorte S'_7 bis S'_{12}, von denen nur noch ersterer eingetragen ist, dann ergibt sich ein Standortsystem mit einer anderen Ausrichtung als dasjenige der Produzenten der Güterklasse k7 mit S_1 bis S_6, wodurch das globale Optimum verfehlt würde. Eine Angleichung beider kann wieder formal durch die Rotation eines der Marktnetze geschehen, wie der Pfeil von S'_7 nach S_7 andeutet. Es ist aber gleichgültig, welches Standortsystem verändert wird, was letztlich von den Verlagerungskosten abhängig ist. Schließlich sind alle Marktnetze unter den gegebenen Bedingungen nur eine Folge der Standortentscheidungen der Anbieter bzw. Produzenten.

Es ist das Verdienst von TARRANT (1973), den formalen Vorgang der Ausrichtung / Rotation der Marktnetze in einer Form beschrieben zu haben, die leicht durchschaubar und direkt anwendbar ist. In Abb. 5.1.3.2 ist die Lage von S_1 in Bezug auf den Mittelpunkt A durch einen 3-Schritt-Weg im Verkehrsnetz beschrieben worden, von dem nur der Teil des eingezeichneten rhombischen Gitters benötigt wird. Er ist aus zwei West-Ost-Schritten (x-Richtung) von A und einem Süd-Nord-Schritt (y-Richtung immer in 60° Neigung) bis zum Standort S_1 zusammengesetzt. Der alternative Weg von A nach S'_1 besteht aus einem West-Ost-Schritt und zwei Süd-Nord-Schritten. Aus Abb. 5.1.3.2 kann man entnehmen, dass der Standort S_7 im k = 13 Netz vier Schritte von A entfernt liegt, von denen drei in x-Richtung und einer in y-Richtung verlaufen. Für die Alternative von A nach S'_7 ergibt sich wieder das umgekehrte Verhältnis der Schrittzahlen. Daraus lässt sich die **1. Regel** ableiten:

➜ Voneinander formal unabhängige Marktnetze sind dann aneinander ausgerichtet, wenn das Verhältnis von langen zu kurzen Teilwegen in x- und y-Richtung übereinstimmt.

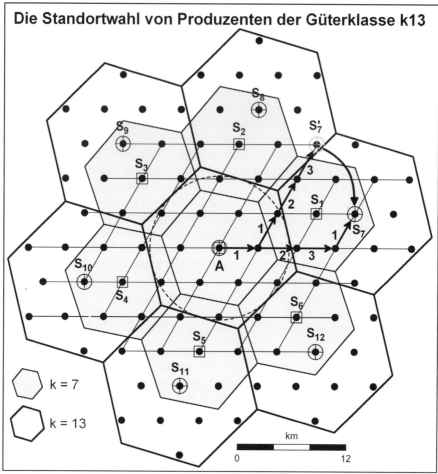

Abb. 5.1.3.2: Die Ausrichtung des k = 13 Netzes am k = 7 Netz

Aus dem Kosinussatz hat TARRANT die allgemeine Beziehung zwischen dem dreieckigen Ortsgitter, von dem aber nur der in Abb. 5.1.3.2 eingezeichnete rhombische Teil benötigt wird, und dem Parameter k der hexagonalen Marktnetze hergeleitet:

$k = x_i^2 + y_j^2 + x_i y_j$, für i = 0, 1, ..., n und j = 0, 1, ..., n Schritte im Wegenetz.

In Tab. 5.1.3.1 sind einige Ergebnisse der Anwendung dieser Formel wiedergegeben. Die Resultatmatrix ist symmetrisch zu ihrer Hauptdiagonalen, in welcher k-Werte von symmetrischen Marktnetzen stehen, die ebenso in Zeile eins und Spalte eins (x = 0 und y = 0) auftauchen. Alle zugehörigen Marktnetze bleiben bei einer Rotation unberücksichtigt, weil sie festliegen. Die Symmetrie der

Matrix drückt anschaulich aus, dass eine Drehung der Netze häufig nur zwischen zwei Positionen möglich ist, wie das bereits anhand von Abb. 5.1.3.2 demonstriert wurde und in der ersten Regel berücksichtigt worden ist. Unglücklicherweise gibt es auch von dieser Regel Ausnahmen, von denen am einfachsten diejenige zu lösen ist, wenn ein weitmaschigeres Netz ein ganzzahliges Vielfaches des kleineren Bezugsnetzes ist, wie beispielsweise k = 21 und k = 7 oder k = 28 und k = 7. In solch einem Fall ist die **2. Regel** anzuwenden:

Wenn $k / k_{Bezugsnetz}$ ganzzahlig und gerade ist,

➔ dann gilt die 1. Regel,

ist der Quotient hingegen ganzzahlig und ungerade gilt:

➔ Das aktuelle Netz wird so ausgerichtet, dass es das umgekehrte Verhältnis von langen zu kurzen Teilwegen in x- und y-Richtung aufweist wie das Bezugsnetz.

Eine weitere Ausnahme stellen die Netze dar, für die vier und mehr verschiedene Ausrichtungen möglich sind, deren Werte in Tab. 5 eingeklammert sind. Da k = 49 sowohl in der ersten Zeile als auch der ersten Spalte auftaucht, kommt es in der Lage x = 7 und y = 0 sowie x = 0 und y = 7 nicht in Betracht, weil es dann zu den symmetrischen Netzen gehört. Auf die beiden verbleibenden Positionsmöglichkeiten ist die zweite Regel anzuwenden. Für k = 91 und k = 133 trifft das aber nicht zu, so dass man im Einzelfall prüfen muss, in welchem Sektor welche Ausrichtung der Netze zu einer maximalen standörtlichen Koinzidenz der Produktionsorte mit denjenigen des Bezugsnetzes führt. Da z.B. für k = 1729 schon 8, für andere nicht mehr aufgeführte vor allem größere Netze bis zu 10 verschiedene Ausrichtungsmöglichkeiten zu verzeichnen sind, dürfte allein dieser Arbeitsschritt durch Inaugenscheinnahme kaum lösbar sein, sondern eine programmierte Lösung verlangen.

In den letzten Absätzen war in der Tat ausschließlich von Geometrie die Rede, so dass es nützlich erscheint, die unterschiedlichen Bedeutungen der verwendeten theoretischen Begrifflichkeiten in übersichtlicher Form in Tab. 5.1.3.2 zusammenzustellen. Man ersieht aus ihr, dass jeder Parameter drei verschiedenen Kategorien angehört, von denen die formale zweifellos in der Vergangenheit am stärksten in der Geographie rezipiert worden ist. Dieses Resultat einer sinnvollen Arbeitsteilung zwischen Wirtschaftstheorie und Wirtschaftsgeographie stand zwar bis zum Auftauchen der NEG-Rambos nicht zur Debatte, muss aber jetzt wohl neu ventiliert werden. Bei den augenblicklichen Vorlieben von Geographen für die "Enträumlichung" und den "Cultural Turn" dürften sich für sie kaum Interessensschwerpunkte aus dieser Übersicht ergeben.

Tab. 5.1.3.1: k-Werte auf der Grundlage von Schritten im rhombischen Gitter

	x=0	1	2	3	4	5	6	7	8	9	10	11	12	13
y=0	0	1	4	9	16	25	36	49	64	81	100	121	144	169
1	1	3	7	13	21	31	43	57	73	(91)	111	(133)	157	183
2	4	7	12	19	28	39	52	67	84	103	124	(147)	172	199
3	9	13	19	27	37	(49)	63	79	97	117	139	163	189	(217)
4	16	21	28	37	48	61	76	93	112	(133)	156	181	208	237
5	25	31	39	49	61	75	(91)	109	129	151	175	201	229	(259)
6	36	43	52	63	76	91	108	127	148	171	(196)	223	252	283
7	49	57	67	79	93	109	127	147	(169)	193	219	(247)	277	309
8	64	73	84	97	112	129	148	169	192	(217)	244	(273)	304	337
9	81	91	103	117	133	151	171	193	217	243	271	(301)	333	367
10	100	111	124	139	156	175	196	219	244	271	300	331	(364)	(399)
11	121	133	147	163	181	201	223	247	273	301	331	363	397	433
12	144	157	172	189	208	229	252	277	304	333	364	397	432	(469)
13	169	183	199	217	237	259	283	309	337	367	399	433	469	507
14	196	211	228	247	268	291	316	343	372	403	436	471	508	547
15	225	241	259	279	301	325	351	379	409	441	475	511	549	589
16	256	273	292	313	336	361	388	417	448	481	516	553	592	633
17	289	307	327	349	373	399	427	457	489	523	559	597	637	679
18	324	343	364	387	412	439	468	499	532	567	604	643	684	727
19	361	381	403	427	453	481	511	543	577	613	651	691	733	777
20	400	421	444	469	496	525	556	589	624	661	700	741	784	829
21	441	463	487	513	541	571	603	637	673	711	751	793	837	883
22	484	507	532	559	588	619	652	687	724	763	804	847	892	939
23	529	553	579	607	637	669	703	739	777	817	859	903	949	997
24	576	601	628	657	688	721	756	793	832	873	916	961	1008	1057
25	625	651	679	709	741	775	811	849	889	931	975	1021	1069	1119

(x) = Mehrfachorientierung

	x=14	15	16	17	18	19	20	21	22	23	24	25
y=0	196	225	256	289	324	361	400	441	484	529	576	625
1	211	241	(273)	307	(343)	381	421	463	(507)	(553)	601	(651)
2	228	(259)	292	327	(364)	(403)	444	487	(532)	579	628	(679)
3	(247)	279	313	349	387	(427)	(469)	513	(559)	607	657	709
4	268	(301)	336	373	412	453	496	541	(588)	(637)	688	(741)
5	291	325	(361)	(399)	439	(481)	525	571	619	669	(721)	775
6	316	351	388	(427)	468	(511)	556	603	652	(703)	756	811
7	(343)	379	417	457	499	543	(589)	(637)	687	739	(793)	849
8	372	409	448	489	(532)	577	624	673	724	(777)	832	(889)
9	(403)	(441)	(481)	523	567	613	661	711	(763)	(817)	873	(931)
10	436	475	516	(559)	604	(651)	700	751	804	859	916	975
11	471	(511)	(553)	597	643	691	(741)	(793)	847	(903)	(961)	1021
12	508	549	592	(637)	684	733	(784)	837	892	(949)	1008	1069
13	547	(589)	633	(679)	727	(777)	829	883	939	997	(1057)	1119
14	588	631	(676)	723	772	823	876	(931)	(988)	1047	1108	1171
15	631	675	(721)	769	(819)	(871)	925	981	1039	(1099)	1161	(1225)
16	676	721	768	(817)	(868)	921	976	1033	(1092)	1153	1216	(1281)
17	723	769	817	867	919	(973)	(1029)	1087	(1147)	(1209)	(1273)	(1339)
18	772	819	868	919	972	(1027)	1084	1143	(1204)	(1267)	1332	1399
19	823	871	921	973	1027	1083	(1141)	1201	1263	1327	(1393)	1461
20	876	925	976	1029	1084	1141	1200	(1261)	1324	1389	(1456)	1525
21	931	981	1033	1087	1143	1201	1261	1323	(1387)	1453	(1521)	(1591)
22	988	1039	1092	1147	1204	1263	1324	1387	1452	(1519)	1588	(1659)
23	1047	1099	1153	1209	1267	1327	1389	1453	1519	1587	1657	(1729)
24	1108	1161	1216	1273	1332	1393	1456	1521	1588	1657	1728	1801
25	1171	1225	1281	1339	1399	1461	1525	1591	1659	1729	1801	1875

Quelle: Eigene Berechnungen nach TARRANT (1973)

Tab. 5.1.3.2: Bedeutungen von Parametern der "Germanischen Geometrie"

Parameter	formal	inhaltlich	organisatorisch
Marktgebiet	Eine Basiseinheit der Raumgliederung als zweidimensionale Grundfläche eines Nachfragekegels, dessen Flächengröße nur vom Netz "kleinster" Siedlungen abhängt.	Die räumliche Dimension des Mindestumsatzes eines Anbieters.	Der Funktionalbereich bzw. die Nodalregion der Produktionsorte und ihrer Nachfrage- bzw. Lieferverflechtungen.
k-Wert	Ein Zuordnungswert, der die Anzahl "kleinster" Gebiete bzw. Orte quantifiziert, die zu einem Marktgebiet gehören.	Der notwendige Mindestumsatz, der ein rentables Angebot bei gegebener Nachfrage möglich macht.	Die Konkurrenzsituation der Raumwirtschaft.
Marktnetz	Flächendeckende Raumgliederung.	Räumliche Ordnung der Standortwahl von Produzenten bzw. Anbietern in Bezug auf die Nachfrage und die Wettbewerber.	Raumordnung der Wirtschaft.
Rotation	Eine räumliche Lageveränderung der Netze von Marktgebieten.	Die Mobilität der Faktoren aufgrund der Standortwahlfreiheit von Produzenten.	Die globale Optimierung der Raumwirtschaft.

Am Ende einer ersten Entwicklungsphase der Raumwirtschaft, wenn bereits viele Produzenten bzw. Anbieter unterschiedlicher Güterklassen in den Markt eingetreten sind und eine Gleichgewichtssituation erreicht ist, kann der zweite

Schritt der Anwendung der LÖSCH'SCHEN Methode beginnen. Verglichen mit der bis hierhin abgebildeten Standortwahl, dem Wettbewerb und der räumlichen Reorganisation ist er von geradezu verblüffender Einfachheit. Die optimierten Marktnetze aller Güterklassen werden um einen gemeinsamen Mittelpunkt überlagert. Dabei entstehen nicht nur im gewählten Schwerpunkt standörtliche Koinzidenzen von Produktionsorten, sondern auch in der gesamten Wirtschaftslandschaft in besonderer räumlicher Ordnung und Lagebeziehung. Bevor jedoch auf diese Schlussfolgerungen von LÖSCH eingegangen wird, soll ein weiterer Unterschied zwischen den beiden betrachteten Raumwirtschaftstheorien beleuchtet werden.

5.2 Die Anwendung der Methodik zum Beleg der Ableitungen

Sowohl CHRISTALLER (1933, S. 67) als auch LÖSCH (1940, S. 76) führen bezüglich des Angebots von Gütern aus, für die in ihren theoretischen Systemen keine eigenen Marktgebiete existieren können, dass sie im nächst größeren passenden Standort angeboten werden. Letzterer macht zusätzlich auf die Konsequenzen aufmerksam: "*Die Nachfragekurve schneidet dann die Kostenkurve, statt sie nur zu berühren – und damit entstehen Sondergewinne in dieser Branche.*" Bei seiner Darstellung der CHRISTALLER-Systeme, die er nicht etwa als hierarchische einstuft, sondern als "*Marktgebiete mit gleichem Aufbau*" (S. 84 ff.), hebt er ihre bestechende Einfachheit hervor, die "*auf Kosten der Wirtschaftlichkeit geht.*" Dazu gibt er keine weitere Erläuterung, so dass man meinen könnte, darunter seien nur die vorher erwähnten Sondergewinne zu verstehen. Dahinter verbirgt sich jedoch viel mehr.

In Abb. 5.2.1 ist der Ausschnitt eines $k = 7$ Marktnetzes wiedergegeben sowie ein Marktgebiet der zweiten Hierarchiestufe $k = 49$ (siehe Tab. 5.1.2.1). Alle Güterklassen mit Marktgebieten $7 < k < 49$ müssten aus Kostengründen also im Produktionsort k49 angeboten werden. Welche das sind, lässt sich aus Tab. 5.1.3.1 entnehmen. Für die Güterklasse k13 ist die Konsequenz für einen Nachfrageort in Abb. 5.2.1 dargestellt. Er zeigt exemplarisch, dass die Transportkosten der Nachfrage / Belieferung im hierarchischen System um ein Vielfaches höher sind als sie es in einem LÖSCH-System wären, in dem auch das Marktnetz $k = 13$ vorkommt. Da das in gleicher Weise für alle Stufen aller hierarchischen Systeme gilt, was aus einem Vergleich von Tab. 5.1.2.1 mit Tab. 5.1.3.1 ablesbar ist, bleibt nur die Feststellung ihrer wirtschaftlichen Ineffizienz, die man bei Bedarf sogar exakt quantifizieren könnte. Damit wäre nach dem Theorieverständnis von LÖSCH ein Beweis für H_1 (Tab. 5.1.1) zu erbringen, auf den hier verzichtet wird, weil ein strengerer und anschaulicherer Beleg für die Richtigkeit der Hypothese m.E. nicht zu erbringen und auch nicht notwendig ist.

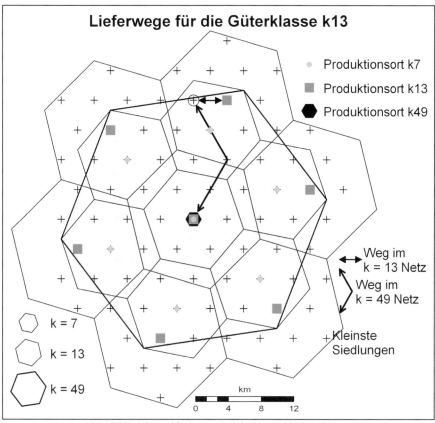

Abb. 5.2.1: Hierarchisches und nicht hierarchisches System

Dieses Ergebnis spricht nicht etwa gegen die Überlegungen von CHRISTALLER, der reale Systeme erklären wollte, sondern es zeigt, wie wenig effizient die reale Raumwirtschaft ist, wenn sie tatsächlich hierarchisch organisiert wäre. LÖSCHS Bewertung dieser Systeme (1940, S. 86) als "*wahrscheinlich das Äußerste, was bei bewußter Planung heute bewältigt werden kann*", legt die Vermutung nahe, dass er dieses beträchtliche Manko ebenso wenig erkannt hat wie CHRISTALLER. Auch dieses Resultat belegt somit einmal mehr den Unterschied zwischen den beiden Raumwirtschaftstheorien und wie groß der Fehler ist, beide als identisch anzusehen, wie das offensichtlich in der NEG üblich ist. Außerdem verdeutlicht dieses Beispiel den eingangs formal beschriebenen Übergang von $G_N[d(a|r)]$ nach $O_N(d)$ und zeigt somit, dass nur ein vollständiges LÖSCH-System den Kriterien der Optimalität im Gleichgewicht und größtmöglicher Effizienz genügt.

Nebenbei bemerkt äußern sich beide Autoren nicht dazu, dass das sog. "*Verwaltungssystem*" nur auf der untersten Ebene mit dem territorialen Hoheitsprinzip einer realen, hierarchischen Verwaltung übereinstimmt. Auf höheren Ebenen werden die zugehörigen Verwaltungsgebiete unterer Stufen zerschnitten, was rechtlich unzulässig ist. LÖSCH zeigt mit seiner Abb. 36 (1940, S. 86) sogar, dass selbst kleinste Siedlungen von einer solchen Zerschneidung betroffen sein können. Das trifft zwar bei der hier gewählten Anordnung des k = 7 Gitters nicht zu (Abb. 5.2.1), aber nach Maßstäben der Verwaltung müsste auf den hexagonalen Gebietszuschnitt verzichtet werden. Die von CHRISTALLER eingeführten Begrifflichkeiten des "*Versorgungs-, Verkehrs- und Verwaltungsprinzips*" dürfen also nicht im Sinne der Beschreibung ursächlicher Wirkungsprinzipien, sondern nur als simple Label verstanden werden.

Zur Prüfung und Veranschaulichung der übrigen Schlussfolgerungen von LÖSCH (H_2 bis H_4 in Tab. 5.1.1) ist eine eigene theoretische Wirtschaftslandschaft konstruiert worden. Das erschien mir deshalb notwendig, weil LÖSCH (1940, S. 79 ff.) an keiner Stelle vermerkt, welche Marktnetze er selbst angewandt hat. Es könnten die von ihm (S. 75) beschriebenen 10 kleinsten sein, jedoch fallen dann nicht 150 ihrer Mittelpunkte auf den Systembildenden Ort (Abb. 32). Demgegenüber taucht in seiner Abb. 33 als höchste Gebietsnummer 55 auf, nach Tab. 5.1.3.1 entspricht das k = 163, soweit ich erkennen kann, so dass auch sie keine Gewissheit darüber bringt, wie viele und welche Marktnetze er tatsächlich benutzt hat. Zur Vermeidung solcher Unklarheiten werden im Weiteren 199 unsymmetrische Netze verwendet, deren k-Werte in Tab. 5.1.3.1 zwischen erster Zeile und Hauptdiagonale ohne Klammerung aufgeführt sind. Es handelt sich um eine systematische Auswahl, bei der zunächst alle symmetrischen Marktnetze ausgeschlossen bleiben und ebenso alle unsymmetrischen, die mehr als zwei Ausrichtungsmöglichkeiten besitzen und deshalb nicht eindeutig durch die beiden angeführten Regeln zu behandeln sind. Die 49 symmetrischen Netze in Zeile eins und der Hauptdiagonale von Tab. 5.1.3.1 werden durch die Marktnetze k = 729, 2187, 1024 und 4096 ergänzt, so dass ein vollständiges hierarchisches 7-stufiges k = 3 und ein 6-stufiges k = 4 Christaller-System in ihrer Gesamtzahl von 53 enthalten ist. Beide Typen von Marktnetzen können getrennt betrachtet werden, um sie dann in einem weiteren Schritt zu einer vollständigen Wirtschaftslandschaft zu vereinigen.

In einem kreisförmigen Untersuchungsraum mit einem Radius von rd. 398 km werden 35'175 kleinste Siedlungen auf einem gleichseitigen Dreiecksgitter mit 4 km Seitenlänge auf einer Fläche von ca. 497'645 qkm (Deutschland: 357'021 qkm) angeordnet. Diese limitierenden Setzungen, die es auf einer isotropen Oberfläche nicht gibt, gestatten die Generierung eines k = 3-Systems mit 11'725, eines k = 4-Systems mit 8'741 und eines k = 7-Systems mit 4'981 Angebots- bzw. Produktionsorten. Ihre Anzahl ist in den anderen o.a. Marktnetzen entsprechend geringer. In Tab. 5.2.1 sind relevante Kennwerte der Größen beider Netztypen sowie der vollständigen Wirtschaftslandschaft zusammengestellt, in der beide Typen zusammen auftreten. In ihr sind die Anzahl der Netze und der Produktionsstätten additiv verknüpft, während das nicht für die Koinzidenzen und die Zahl der Produktionsorte gilt. Diese Größenordnung wurde deshalb gewählt, weil man immer nur einen Ausschnitt der isotropen Oberfläche analysieren kann, so dass Grenzeffekte wirksam werden, die eine Interpretation in die Irre führen können. Die Größe der Wirtschaftslandschaft und die Vielzahl der verwendeten Marktnetze machen eine graphische Veranschaulichung aller Netz-Overlays unmöglich, weil die dadurch vermittelte Information ab dem vierten Netz gegen Null geht. Es blieben also allenfalls ähnlich ausdruckslose und wenig informative Graphiken übrig, wie LÖSCH (1940, S. 82/83) sie in seinen Abbildungen 32 bis 34 angibt.

Tab. 5.2.1: Kennwerte von Wirtschaftslandschaften

	Unsymmetrische Marktnetze	Symmetrische Marktnetze	Beide zusammen
Anzahl	199	53	252
Produktionsstätten	34'108	38'995	73'103
Koinzidenzen von Standorten	15'509	20'107	47'425
Produktionsorte	18'589	18'888	25'678
Aggregiert im k=7-Netz	18'577	18'685	25'469
Aggregiert im k=13-Netz	18'523	18'564	25'328
Aggregiert im k=31-Netz	18'157	17'859	24'447

Einen Ausweg bietet die Regionalisierung der Overlay-Ergebnisse – im Sinne der Geoinformatik. Ausgehend von den kleinsten Siedlungen lässt sich sehr einfach auszählen, nach Definition eines Buffers um die Standorte – knapp größer als die Rechengenauigkeit – wie viele Produktionsstätten auf jeden Ort entfallen. Durch dieses Vorgehen erhält man die

→ absolute Häufigkeit von Anbietern je Standort, die weiters als **Koinzidenz** bezeichnet wird, wobei nicht nach Güterklassen unterschieden wird.

Eingedenk der obigen Überlegungen bezüglich der inhaltlichen Bedeutung der k-Werte als aus Kostengründen notwendige Mindestumsätze bei gegebener Nachfrage, lässt sich eine zweite Variable konstruieren. Jeder Produktionsstätte sind kleinste Orte zugeordnet, deren Anzahl man als Indikator des erforderlichen Mindestumsatzes auffassen kann. Addiert man sie für alle koinzidenten Anbieter, so ergibt das

➔ den **Mindestumsatz** eines Produktionsortes als Anzeiger seiner absoluten wirtschaftlichen Bedeutung.

Legt man alle 252 o.a. Marktnetze übereinander, ergeben sich 25'678 produktive Standorte, welche durch die beiden Variablen gekennzeichnet sind. Da jeder Produktionsort mit seinem Rechts- und Hochwert attributiert ist, böten sich folgende Arten der Visualisierung an: jeweils größenproportionale Symbole, eine Oberfläche oder ein Dichtemosaik der zugehörigen Voronoi-Polygone. Die daraus entstehenden Graphiken sind genauso schwer lesbar wie die LÖSCH'SCHEN Abbildungen und lassen durch ihre Informationsflut die Grundprinzipien seiner Schlussfolgerungen kaum erkennen. Deshalb wird in einem ersten Schritt nur der Ausschnitt der vollständigen Wirtschaftslandschaft betrachtet, den LÖSCH (1940, S. 81 ff.) selbst als "*Teilbild*" interpretiert. Bereits eine erste Inaugenscheinnahme von Abb. 5.2.2 (unten) zeigt, dass nicht alle kleinsten Siedlungen auch Produktionsorte sind, weshalb V. BÖVENTERS (1995, S. 796) diesbezügliche Aussage eher Verwirrung stiftet. Das ändert sich auch dann nicht, wenn das Gesamtbild einer Wirtschaftslandschaft betrachtet wird, wie die verschiedenen Anzahlen kleinster Orte und produktiver Standorte belegen.

Greift man zunächst einmal seine Idee eines "*Preis- bzw. Ertragsgebirges*" auf und wählt aus dem größeren Untersuchungsraum die beiden Sektoren seiner Abb. 32, enthalten sie 313 kleinste Siedlungen, von denen 257 Gebietsmittelpunkte bzw. Produktionsorte sind. Nun lassen sich ohne zusätzliche Regionalisierung die beiden Variablen Koinzidenz (Abb. 5.2.2) und Mindestumsatz (Abb. 5.2.3) als Oberfläche visualisieren. Beide Variablen beschreiben aus der Sicht der Produzenten bzw. Anbieter ihre Ertragsgebirge, deren Gipfel aus der Perspektive der Nachfrager die tiefsten Punkte der Trichter der von ihnen zu zahlenden cif-Preise darstellen. Im unteren Teil von Abb. 5.2.2 ist die exakte Datenbasis in Form wertproportionaler Symbole sowie jeweils rechts neben den Symbolen die hier erzielten Ergebnisse der Netzüberlagerungen wiedergegeben. Der genaue Vergleich mit LÖSCHS Abb. 32 ergibt für wenige Produktionsorte geringfügige Unterschiede. Unterstellt man weder ihm noch meinem Algorithmus Fehler, können sie nur durch die Verwendung verschiedener Marktnetze entstanden sein. So wird hier z.B. das symmetrische Netz k = 49 in der Anordnung x = 3 und y = 5 verwendet, hingegen teilt LÖSCH nicht mit, in welcher der vier möglichen Ausrichtungen er es benutzt. Außerdem sei daran erinnert, dass die Netze der in Tab. 5.1.3.1 eingeklammerten k-Werte nicht berücksichtigt wurden. Da die Unterschiede aber nur an wenigen Produktionsorten mit einer kleinen Differenz auftreten, kann man von einer generelle Übereinstimmung sprechen.

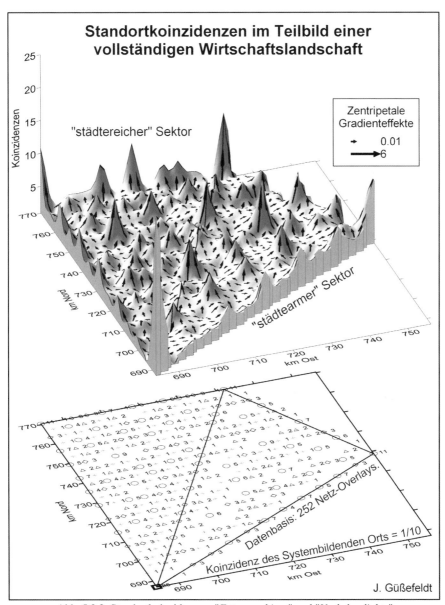

Abb. 5.2.2: Standortkoinzidenzen, *"Ertragsgebirge"* und *"Verkehrsdichte"*

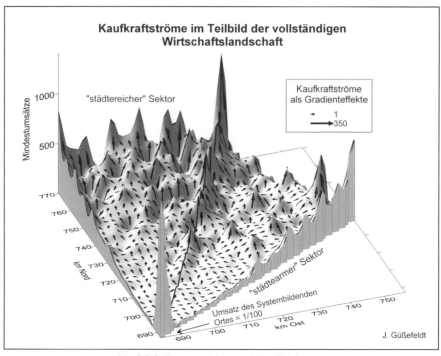

Abb. 5.2.3: Umsatzgebirge und Kaufkraftströme

Im oberen Teil von Abb. 5.2.2 ist das aus den Koinzidenzen erzeugte Ertragsgebirge dargestellt. Die Unterscheidung zwischen "*städtearmem*" und "*städtereichem*" Sektor kommt in beiden Teilen der Abbildung zum Ausdruck (H_2). Um gar nicht erst den falschen Eindruck von "Statik" aufkommen zu lassen, sind der Oberfläche zentripetale Gradienteffekte überlagert. Sie interpretiert LÖSCH als "*Verkehrsdichte*", die er durch eine Klassifikation von Strichstärken in seiner Abb. 32 nicht immer richtig darstellt, worauf er selbst aufmerksam macht.

Noch einprägsamer wird H_2 durch die Visualisierung der Umsatzvariablen in Abb. 5.2.3 belegt, die verdeutlicht, dass nicht alle Konzentrationen von Produktionsstätten mit höherem wirtschaftlichen Erfolg gleichzusetzen sind. Das kommt besonders im "*städtearmen*" Sektor zum Ausdruck, der aber vom Umsatz her gesehen nicht etwa als Peripherie einzustufen ist, sondern als eine Region mit überwiegend wirtschaftlichen Basisaktivitäten. Hingegen treten umsatzstärkere Aktivitäten häufiger im "*städtereichen*" Sektor auf, so dass das Umsatzgebirge in ihm durchschnittlich ein höheres Niveau besitzt. Auch jetzt weisen die lokalen Gradienteffekte, die man als Kaufkraftströme interpretieren kann, auf die zentripetalen Verflechtungen der Konzentrationskerne von Produktionsstätten mit ihren Marktgebieten hin. Sie machen – wie bereits in Abb. 5.2.2 – darauf aufmerksam, dass es nicht nur einen großräumigen zentripetalen Effekt zwischen dem systembildenden Ort und dem Rest der Wirtschaftslandschaft gibt. Schaut man sich die radialen Sektorgrenzen an, so fällt der im Durchschnitt ansteigende zentrifugale Gradienteffekt (H_3) in beiden Sektoren ins Auge. Weniger generalisiert zeigen die Profillinien die von LÖSCH (1940, S. 83) erwähnte Wellenform der Erträge (H_4), die aber in räumlicher Sicht mehr als "Hügelketten" in Erscheinung treten.

Tab. 5.2.2: Marktnetze für die Regionalisierung

k-Werte	Marktgebiete	Fläche in qkm	Beispiel / Kommentar
7	4981	97	Mainz (98 qkm)
13	2665	180	Leipzig (179)
19	1801	263	Bielefeld (258), Erfurt (269)
21	1627	291	auf jedem Eckpunkt liegt ein Ort
28	1201	388	auf jeder Seite liegt ein Ort
31	1069	430	Köln (405), LK Fürstenfeldbruck (435)
37	913	513	LK Neu-Ulm (515)
39	847	540	auf jedem Eckpunkt liegt ein Ort
43	769	596	LK Bad Dürkheim (595)

Insgesamt lassen sich H_3 und H_4 nicht so prägnant an diesem Teilbild der Wirtschaftslandschaft erkennen, weshalb allein schon eine großräumige Gesamtdarstellung wünschenswert erschien. Ein ganz anderer Aspekt, den LÖSCH selbst nur im Erläuterungstext zu seiner Abb. 32 erwähnt, ist m.E. weitaus bedeutsamer: "*Die Zahl der Gebietsmittelpunkte*" ... ist auf den radialen Sektorgrenzen "*doppelt oder mehr als doppelt ... so groß wie auf anderen Strecken.*" Dies meint, dass sich in der Wirtschaftslandschaft bandförmige Strukturen herausgebildet haben, deren Ursache im Weiteren einer Klärung bedarf.

Soll jetzt die ganze Wirtschaftslandschaft dargestellt werden, erhöht sich die Zahl der Gebietsmittelpunkte um nahezu das Hundertfache, nämlich von 257 auf 25'678. Zu ihrer Betrachtung bleibt eigentlich nur die Möglichkeit, die Variablenwerte der Produktionsorte zu aggregieren. Hierfür kommen wieder einzelne unsymmetrische Marktnetze in Frage, von denen aber nicht alle gleich gut geeignet sind. In Tab. 5.2.2 sind einige von ihnen zusammengestellt, die einen Einblick in die unterschiedlichen räumlichen Größenordnungen vermitteln. Von ihnen sind diejenigen weniger geeignet, auf deren Marktgebietsgrenzen kleinste Siedlungen liegen. Sie sind nämlich durch den allgemeinen Algorithmus "Punkt im Polygon" nicht eindeutig einem Marktgebiet zuzuordnen. Es müsste eine Ergänzung programmiert werden, die eine proportionale Aufteilung der Variablenwerte betroffener Produktionsorte auf zwei oder drei benachbarte Raumeinheiten vornimmt, worauf hier verzichtet wurde, weil genügend andere Netze zur Auswahl stehen. Da mit der Größe der Raumeinheiten die Generalisierung der Variablenwerte in Form einer Glättung zunimmt, wird das kleinste mögliche Gitter (k = 7) verwendet. Außerdem kann man dem unteren Teil von Tab. 5.2.1 die Informationsverluste bei Verwendung verschiedener Netze zur Regionalisierung entnehmen. Sie sind im k = 7 Gitter gering, aber dennoch vorhanden, weil einige Produktionsorte der Klassen k3 und k4 zwischen kreisförmiger Untersuchungsraumgrenze und den randlichen Marktgebieten auftreten. Dieser Grenzeffekt nimmt mit der Größe der Regionalisierungsnetze zu.

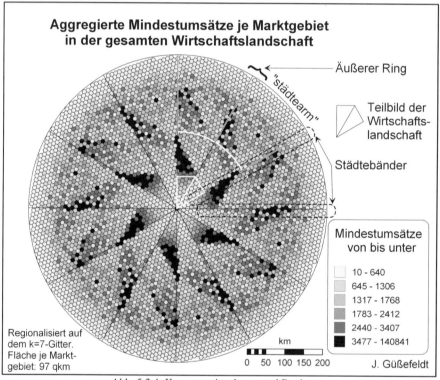

Abb. 5.2.4: Konzentrationskerne und Regionen

Um einen Eindruck des Unterschieds zwischen dem von LÖSCH mitgeteilten und in den Abbildungen 5.2.2 und 5.2.3 dargestellten Teilbild und dem jetzt verwendeten Gesamtbild zu vermitteln, ist in Abb. 5.2.4 der Ausschnitt der beiden Sektoren des Teilbilds wiedergegeben. Man sieht nunmehr, dass der Autor die Struktur seiner Wirtschaftslandschaft den Lesern nur interpretativ mitgeteilt hat. Erst dieses Gesamtbild bestätigt seine Ableitung einer wellenförmigen Struktur, die aber mehr den Eindruck einer Drehwelle macht. Der Unterschied zwischen "*städtearmem*" und "*städtereichem*" Sektor beträgt nur noch rd. 8 % des Mindestumsatzes und ist damit sehr viel kleiner als in unmittelbarer Nähe des systembildenden Ortes mit ca. 50 %, wie Tab. 5.2.3 zu entnehmen ist. Auch die relativen Differenzen der übrigen Variablen sind in dem größeren Ausschnitt der vollständigen Wirtschaftslandschaft, welcher der Einfachheit halber als Gesamtbild bezeichnet ist, kleiner als im Teilbild von LÖSCH. Das bekräftigt meine o.a. Interpretation der beiden Sektortypen als unterschiedliche Ausgangspositionen in der weiteren wirtschaftlichen Entwicklung, nicht aber ihre a priori Festschreibung als Zentrum und Peripherie. Ihre Ursachen liegen in der sektoral verschieden starken Wirkung zentripetaler und zentrifugaler Effekte sowohl des systembildenden Orts als auch der übrigen Konzentrationen von Produktionsorten.

Tab. 5.2.3: "*Städtereiche*" und "*städtearme*" Sektoren

	Teilbild (LÖSCH)[2]		Gesamtbild[2]		Äußerer Ring	
	städte-reich	*städte-arm*	*städte-reich*	*städte-arm*	*städte-reich*	*städte-arm*
Produktionsorte	137	97	2'157	2'121	1'554	1'590
Produktionsorte in %[1]	58.547	41.453	50.35	49.65	49.427	50.573
Koinzidenzen	337.5[3]	260.5[3]	6'167	5'990	4'452	4'421.5[3]
Koinzidenzen in %[1]	56.438	43.562	50.728	49.272	50.172	49.828
Mindestumsätze	29'727.5[3]	9'832	620'448	525'606	403'965	390'600
Mindestumsätze in %[1]	75.146	24.854	54.138	45.862	50.841	49.159

1) Jeweils der Summe der Werte beider Sektoren.
2) Ohne den systembildenden Ort.
3) Dezimalbrüche entstehen durch Teilzuordnungen von Grenzorten.

Je weiter die betrachtete Wirtschaftslandschaft sich in das Hinterland des systembildenden Orts ausdehnt, desto schwächer werden seine zentripetalen und um so stärker werden seine zentrifugalen Kräfte, so dass der Unterschied zwischen den Sektortypen immer geringer wird. Das bringt auch Abb. 5.2.4 sehr deutlich zum Ausdruck, in welcher man nach Abdeckung des inneren Teils kaum noch einen nennenswerten Unterschied zwischen "*städtearmem*" und "*städtereichem*" Sektor erkennen dürfte. Halbiert man den Radius des Untersuchungsraums, so dass 3/4 seiner Fläche in einem äußeren Kreisring liegen, ergeben sich äußere Teile der Sektoren, kurz äußerer Ring genannt. In der so benannten Spalte von Tab. 5.2.3 sind die exakten Belege dieser Aussage durch die zugehörigen Variablenwerte angeführt. Bemerkenswert ist, dass die Anzahl der Produktionsorte im "*städtearmen*" Teilsektor des äußeren Rings größer als im "*städtereichen*" Gegenstück ist. Hingegen entsprechen die Zahl der Koinzidenzen und die Höhe der Mindestumsätze der ursprünglichen Klassifikation, sind jedoch absolut und relativ kleiner als im Teil- und Gesamtbild.

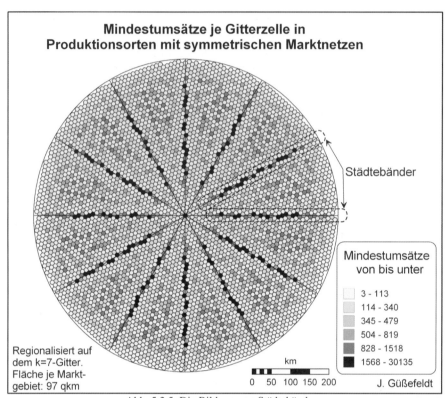

Abb. 5.2.5: Die Bildung von Städtebändern

Bleibt nurmehr zu klären, durch welche Ursachen die linearen Strukturen der Städtebänder entstehen, die auch in Abb. 5.2.4 erkennbar und durch die beiden gestrichelten Ovale hervorgehoben sind. Zu diesem Zweck wurden die beiden Typen von Marktnetzen – symmetrische und unsymmetrische – getrennt überlagert, die sich auf organisatorischer Ebene der Raumwirtschaft durch die Konkurrenzsituation der Anbieter / Produzenten unterscheiden. Benutzt man nur die 199 oben beschriebenen unsymmetrischen Netze, kommt es zwar zur Bildung von Konzentrationskernen und Regionen, die mit denen in Abb. 5.2.4 vergleichbar sind, jedoch fehlen die Städtebänder. Werden hingegen ausschließlich die 53 symmetrischen Marktnetze überlagert, kommt es zur Ausbildung der linearen Konzentrationserscheinungen (Abb. 5.2.5) entlang der radialen Sektorgrenzen einerseits und in weniger dichter Packung in den Sektoren selbst. Daraus lässt sich nunmehr ablesen, dass die Veränderung der Konkurrenzsituation von Anbietern / Produzenten zu einer veränderten Organisation der Raumwirtschaft führt, die in einer entsprechenden Raumstruktur ihren Ausdruck findet.

Diese Anwendung der LÖSCH'SCHEN Methodik erbringt damit m.W. erstmalig ein Erklärung bandförmiger Siedlungsstrukturen auf einer isotropen Oberfläche allein anhand der Gesetzmäßigkeiten der Ökonomie, ohne den sonst üblichen Verweis auf den Faktor Verkehr. Sein Einfluss – bzw. allgemeiner die Wirkung von Bandinfrastrukturen – und ein sich in der Industrialisierung vollziehender Konzentrationsprozess wurden bislang als Gründe für derartige Entwicklungen angeführt. Dabei wurden immer wieder die nicht in ihr theoretisches Gerüst passenden Aussagen der Theoretiker über besondere Verkehrsverhältnisse, die sie gerade in ihren Ausgangsbedingungen als gleichmäßig unterstellt haben, als Erklärungsmöglichkeiten genannt. Stellvertretend für viele andere sei hierzu KISTENMACHER (1995, S. 17) zitiert: CHRISTALLER und LÖSCH lieferten *"theoretische Begründungsansätze, die im wesentlichen auf die Funktion von Verkehrslinien (Systemlinien) im Sinne einer wirtschaftlichen Verbindung von Standorthäufungen für Produktion und Bevölkerung hinauslaufen."* Wie man sieht bedarf es nicht solcher diffusen Formulierungen von Ursachen, die auch KISTENMACHER nicht für überzeugend hält.

Während man auf der Theorieebene eindeutig eine Veränderung der Konkurrenzsituation der Raumwirtschaft als Ursache von Städtebändern erkennen kann, bleibt die Frage, wie man dieses Ergebnis mit einem realen Standortsystem verknüpfen kann. Auf der Beobachtungsebene gibt es zwei Möglichkeiten:

1. Es findet eine Standortverlagerung der Produzenten / Anbieter statt, so dass ein neues System von Standorten in stärkerer Konkurrenz entsteht.

2. Die Mobilität der Nachfrager wird so erhöht, dass sie konkurrierende Angebotsstandorte überhaupt erst aufsuchen können.

Nach dem Zweiten Weltkrieg begann in Deutschland und anderen Staaten die Expansionsphase der Massenmotorisierung, welche als die entscheidende funktionale Voraussetzung zur Veränderung der Konkurrenzsituation der Anbieter anzusehen sein dürfte. Erstmalig seit Beginn des Eisenbahnzeitalters wurden Konsumenten in die Lage versetzt, andere Angebotsstandorte als die bisher gewohnten aufzusuchen. Ein höheres Verkehrsaufkommen war die Folge, welches zum Ausbau des Straßennetzes führte, womit eine interdependente Schleife zwischen Punkt eins und zwei hergestellt ist. Um kein Missverständnis aufkommen zu lassen sei betont, die Massenmotorisierung könnte in realen Standortsystemen nur eine der funktionalen Voraussetzungen zur Reorganisation der realen Raumwirtschaft gewesen sein, nicht aber ihre Ursache.

Abschließend sei nochmals darauf hingewiesen, dass allen Ableitungen LÖSCHS unveränderte Ausgangsbedingungen zugrunde liegen, d.h. insbesondere wurden die gleichmäßige Bevölkerungsverteilung und Verkehrserschließung nicht angetastet. Die Entstehung einer solchen Wirtschaftslandschaft von einer autarken Subsistenzwirtschaft auf einzelnen Bauernhöfen bis zu einer arbeitsteiligen Verkehrswirtschaft ist ein fortwährender Entwicklungsprozess. Er ist schlechterdings – infolge abnehmenden Grenznutzens eines stetig steigenden Konsums der Menschen – kaum mit einer konstanten Bevölkerung in Einklang zu bringen. Das wird aber an keiner Stelle von LÖSCH behauptet, so dass man diesbezüglich eine gleichmäßige und proportionale Bevölkerungsentwicklung in allen kleinsten Siedlungen annehmen muss. Damit aber wird nicht gegen die räumlich regelmäßige Verteilung der Nachfrage verstoßen. Also ist nicht die Ableitung LÖSCHS inkonsistent, wie ISARD (1956, S. 250 ff.) meint, sondern seine eigene Veränderung dieser Ausgangsbedingung. Er führt nämlich einen mit dem wirtschaftlichen Wachstum des systembildenden Orts verbundenen überproportionalen Bevölkerungszuwachs ein und leitet daraus sein berühmtes "Spinnennetz" der Marktgebiete her. Die Idee ist im Grundsatz richtig, nur gehört sie nicht in den Abschnitt der "*einfachen*", sondern der "*schwierigen Verhältnisse*". D.h. in der ersten Entwicklungsphase bleibt die Mobilität der Bevölkerung auf das Pendeln beschränkt, welches man sich leicht in täglichem, wöchentlichem oder längerem zeitlichen Rhythmus vorstellen kann. Das Pendant dieser Einschränkung der Mobilität des Produktionsfaktors Arbeit findet sich auf Seiten des Kapitals in identischen Produktionsfunktionen zur Herstellung ähnlicher, aber differenzierter Güter, wodurch die Entscheidungsfreiheit der Standortwahl auf die o.a. Alternativen beschränkt wird.

5.3 Struktur, Funktion und Größenverteilung von Standorten

Auch wenn LÖSCH selbst (1940, S. 79 ff.) einige Ordnungsprinzipien seiner Wirtschaftslandschaft nennt, die von mir als H_1 bis H_4 in Tab. 5.1.1 akzentuiert sind, bleiben in diesem Zusammenhang einige Fragen offen. Zwei von ihnen lassen sich direkt aus seiner Bemerkung ableiten: "*Städte von gleicher Größe können also durchaus verschiedene wirtschaftliche Funktionen haben, d.h. ganz verschiedene Gewerbe beherbergen*" (1940, S. 81). Dabei ist es dem Leser überlassen, sich selbst eine Vorstellung von "*Größe*" zu machen, denn an keiner Stelle bekommt man einen Hinweis auf ihre mögliche Operationalisierung. Erst in seinem empirischen Teil (1940, S. 281 ff.) greift er diesen Aspekt wieder auf und versucht, anhand des Vorgehens von CHRISTALLER aus der Zahl der Funktionen von Orten Größenklassen zu bilden, um sie auf die Einwohnerzahlen von Städten zu übertragen. Dabei erkennt er aber den Schwachpunkt dieser Methode zur Überprüfung der theoretischen Aussage: "*Denn mangels eines anderen Anhaltes kann man ja Städte immer so einteilen, daß in jeder Größenklasse ihre wirkliche Zahl gleich der theoretischen ist*" (1940, S. 284). Deshalb begnügt er sich zu zeigen, dass die Einwohnergrößenverteilung in seinem Fallbeispiel Iowa einer Pareto-Verteilung entspricht. Er vermutete in ihr eine Gesetzmäßigkeit, welche die Häufungstendenz von Orten in bestimmten Größenklassen überlagert. Auch die zweite Frage, welche verschiedenen wirtschaftlichen Funktionen zu derselben Größe von Standorten führt, wird von LÖSCH nur sehr kursorisch behandelt. Da

Antworten auf beide Fragen zum Verständnis seiner Überlegungen beitragen können, sei ihnen in diesem Abschnitt nachgegangen.

Oben ist bereits ausgeführt worden, dass zur Beschreibung der Standortgröße nur die theorieendogene Variable des Mindestumsatzes zur Verfügung steht. Aus ihr ließen sich zwar unter Zugrundelegung anderer Theorien – vornehmlich der Export-Basistheorie – Multiplikatoren zur Schätzung von Einwohnerzahlen ableiten, jedoch kann man dadurch in eine ähnliche Zwickmühle wie bei der Klassifikation geraten. Es lassen sich nämlich immer Mengen von Multiplikatoren finden, die eine Größenverteilung ergeben, die der theoretischen Erwartung entspricht. Deshalb wird darauf verzichtet und wiederum nur der reine Mindestumsatz zur Beschreibung der Größe verwendet. Gegenüber der Einwohnergröße handelt es sich hierbei um eine Beschränkung auf den Teil der wirtschaftlichen Größe, der von SOMBART (1907) als Städtebildner, von CHRISTALLER (1933) als Zentralität und später von Vertretern der Export-Basistheorie (z. B. ULLMAN / DACEY 1960) als Basics bezeichnet worden ist. Meine Einschränkung würde dann zu Schwierigkeiten führen, wenn es darauf ankäme, das theoretische System empirisch zu prüfen. Da das aber an dieser Stelle nicht vorgesehen ist, bietet der theoretische Mindestumsatz pro Standort den Vorteil, direkte Vergleich zwischen verschiedenen Organisationssystemen vornehmen zu können.

Infolge der ökonomischen Komplexität der vollständigen Wirtschaftslandschaft ist ihre Struktur nur partiell visualisierbar, d.h. anders als bei CHRISTALLERS "Systemen mit gleichem Aufbau" lassen sich die räumliche Ordnung der Struktur und ihre wirtschaftliche Funktion entweder insgesamt nur klassifikatorisch oder im Detail nur für einzelne Komponenten veranschaulichen. Bereits im vorigen Abschnitt ist der sektorale Aufbau der Wirtschaftslandschaft dargelegt worden, der für eine detailiertere Betrachtung die Auswahl von zwei benachbarten Sektoren nahe legt. Die Größenordnung und Struktur ihrer Standorte wiederholt sich exakt in den restlichen fünf Sektorpaaren. Bei Betrachtung eines solchen Raumausschnitts kann man sicherstellen, dass die Sektorgrenzen keine zusätzlichen Grenzeffekte hervorrufen, indem man die zugehörigen 6020 Standorte aus der Gesamtheit der kreisförmigen Landschaft ausschneidet, von denen 4488 Produktions- bzw. Angebotsstandorte sind. Bei der weiteren Betrachtung ist in Letzteren zunächst nicht der Systemmittelpunkt enthalten, da seine Attribute ausschließlich durch die Einhaltung von Annahme 8 verursacht sind. Abb. 5.3.1 zeigt u.a. das zugehörige Ortsgitter der kleinsten Siedlungen, welches in den Überlegungen beider Theoretiker eine so prominente Rolle gespielt hat.

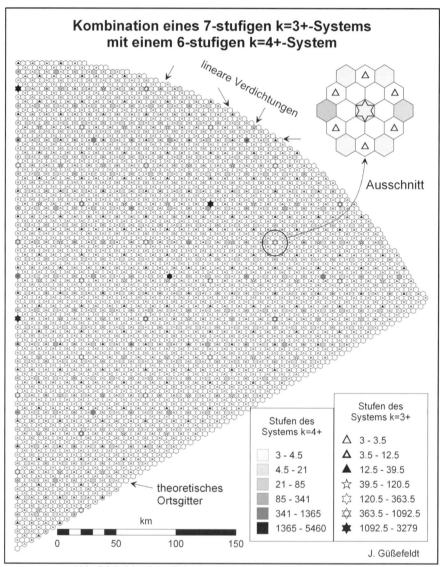

Abb. 5.3.1: Mögliche Existenz von zwei hierarchischen Systemen

Die Weiterentwicklung der LÖSCH'SCHEN Theorie gegenüber derjenigen von CHRISTALLER lässt sich am einfachsten dadurch demonstrieren, dass man sich eine wirtschaftliche Entwicklung in verschiedenen Stadien vorstellt. Im ersten Stadium könnte sich aus einer autarken Selbstversorgungswirtschaft bei zunehmender Arbeitsteilung ein Marktsystem mit konsumorientiertem Gewerbe entwickelt haben. An seinem Ende existiert schließlich ein flächendeckendes k=3

Marktnetz. Bis zu diesem Punkt sind die Überlegungen von CHRISTALLER und LÖSCH identisch, denn für beide ist die Frage nach der Rentabilität des Markteintritts von Anbietern entscheidend, die durch eine entsprechende Standortwahl beantwortet wird. Ab diesem Punkt aber trennen sich ihre Wege: CHRISTALLER denkt die weitere Entwicklung in hierarchischen Kategorien und kommt so schließlich zu einem entsprechend aufgebauten System k=3, 9, 27, 81, 243, 729, 2187 etc. Demgegenüber denkt LÖSCH nichthierarchisch und stellt die Frage nach den Angebotsstandorten weiterer Güterklassen, die aus Rentabilitätsgründen noch nicht angeboten werden und für die eigene Marktnetze existieren könnten. Sein Ergebnis – der Größe nach aufsteigend geordnet – lautet k=4, 7, 9, 12, 13, ..., m, wobei die Reihenfolge aber keine Rolle spielt. Der daraus resultierende wohl gravierendste Unterschied zwischen beiden Theorien kommt in Abb. 5.3.1 ansatzweise zum Ausdruck. Nach Christaller schließen sich die gleichzeitige Existenz zweier hierarchischer Systeme wie k=3+ und k=4+ gegenseitig aus, nach LÖSCH hingegen bilden beide zusammen einen möglichen Teil der Wirtschaftslandschaft, der noch durch alle anderen Marktnetze zu ergänzen ist (siehe Tab. 5.1.3.1). Des Weiteren zeigt die Abbildung, dass einige Standorte sowohl zu dem einen als auch zu dem anderen System gehören, d.h. sie sind die Produktionsorte für beide Güterklassen und ihre Mindestumsatz ist dann additiv zusammengesetzt. Im einfachsten Fall meint das 3+4=7, womit die oben zitierte Aussage von LÖSCH über die unterschiedliche wirtschaftliche Funktion von Standorten gleicher Größe klargestellt ist. Der Mindestumsatz von 7 kennzeichnet auch solche Produktionsorte, an denen nur ein Produzent Güter der Klasse 7 anbietet. Derartige Kombinationen lassen sich in Abb. 5.3.1 für Standorte beinahe aller Hierarchiestufen der beiden dargestellten Systeme ablesen.

Multifunktionalität – eine allgemein Städten zugeschriebene Eigenschaft - entsteht in der Wirtschaftslandschaft nicht nur durch Kumulation von Anbietern eines Güterarten verschiedener Stufen (z.B. k=3+), sondern durch standörtliche Koinzidenzen von Anbietern verschiedener Gütertypen (z.B. k=3+ und k=7+ usw.). Damit ist ein weiterer Unterschied zu den "einfachen Systemen" von CHRISTALLER herausgearbeitet, in denen jeweils in einem Zentrum einer bestimmten Rangstufe auch alle Güterarten der niedrigeren Stufen desselben Typs angeboten werden. In Anbetracht einer fehlenden Nomenklatur wird Multifunktionalität hier heuristisch definiert als ein Angebotsumfang von 9 und mehr Güterarten und –typen je Standort. D.h. ein Standort der siebten Rangstufe im k=3+-System gehört noch nicht zur Klasse der multifunktionalen Orte. Erst wenn in ihm mindestens zwei weitere Güter noch nicht enthaltener k-Werte angeboten werden, würde er zu ihnen gerechnet. Ihre räumliche Verteilung ist in Abb. 5.3.2 wiedergegeben, die zudem zeigt, dass ihr Auftreten in der überwiegenden Mehrzahl an die linearen Verdichtungen gebunden ist, die schon in Abb. 5.3.1 in Auswahl gekennzeichnet sind und die oben als Städtebänder bezeichnet worden sind.

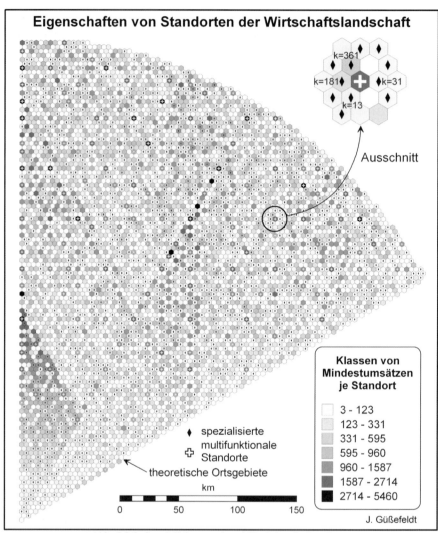

Abb. 5.3.2: Spezialisierte und multifunktionale Standorte

Das Angebot in den multifunktionalen Standorten ist jedoch nicht vollständig, denn das trifft nur für den hier ausgeschlossenen systembildenden Ort zu, und wird deshalb von zwei weiteren Klassen von Produktionsorten ergänzt. Das ist einerseits die Kategorie der monofunktionalen oder spezialisierten Standorte, in denen ein einzelnes Gut angeboten wird. Eine weitere Angebotsergänzung findet andererseits in den Standorten statt, die zwischen diesen beiden Extremen angesiedelt sind, in denen zwei bis 8 verschiedene Güter produziert werden, und die man mesofunktional nennen könnte. Rund ein Viertel aller "*kleinsten Siedlun-*

gen" weist zwar keine wirtschaftliche Produktion auf, besitzt aber dennoch eine bedeutsame Funktion. Es handelt sich um reine Wohnorte, deren Nachfrage aber erst die Entwicklung zu einer vollständigen Wirtschaftslandschaft ermöglicht.

Da die in den Markt eintretenden innovativen Unternehmen sowohl mit ihrem Angebot als auch mit ihrem Standort Nischen besetzen, ist zwar die räumliche Ordnung zugehöriger einzelner Marktnetze dann vorhersagbar, wenn sie sich in der gesamten Wirtschaftslandschaft etablieren würden, jedoch sind Zwischenstadien unvorhersehbar. Außerdem ist eine Voraussage weiterer folgender Innovationen schlechterdings unmöglich, so dass man weder die räumliche Ordnung noch die wirtschaftliche Struktur etwa in Abb. 5.3.2 als Erwartungswert postulieren kann. Sie bilden lediglich mögliche Ausprägungen ab, deren Eintrittswahrscheinlichkeit aber unbekannt ist. Somit lässt sich nur sehr allgemein feststellen, dass multifunktionale Standorte durch spezialisierte und mesofunktionale in ihren Nachbarschaften ergänzt werden, wie das in dem Ausschnitt von Abb. 5.3.2 deutlich wird. Dieses Ergebnis ist deshalb bemerkenswert, weil es etwa 30 Jahre nach LÖSCH von LAMBOOY (1968) als eine Weiterentwicklung aus CHRISTALLERS hierarchischem System unter dem Einfluss der Massenmotorisierung postuliert worden ist. Wie man aber sieht, ist es eine Folge der LÖSCH'SCHEN Theorie. Die Überlegungen von LAMBOOY (1968) sollten deshalb nicht als belanglos gewertet werden, sondern vielmehr zum Anlass genommen werden, über die Entwicklungsfolge einer Wirtschaftslandschaft nachzudenken. Bisher ist mehrfach erwähnt worden, dass es beliebig ist, in welcher Reihenfolge Anbieter in den Markt eintreten. Betrachtet man aber mit LAMBOOY (1968) die daraus resultierenden räumlichen Interaktionsmuster, so muss die Beliebigkeit obsolet werden.

In Abb. 5.3.3 sind für den willkürlich begrenzten Ausschnitt Ströme zwischen den kleinsten Siedlungen (mit angenommenen 300 Einwohnern) und den Angebotsstandorten konstruiert worden. Sie verlaufen jeweils auf den kürzesten Wegen im unterstellten gleichmäßigen Verkehrsnetz. Dadurch ergibt sich ein kanalisiertes "Criss-Cross-Pattern", welches einerseits noch eine hierarchische Ordnung, andererseits aber auch die übrigen Verflechtungen mit den komplementären Standorten erkennen lässt. Dabei bleibt keine Wegstrecke unbenutzt, so dass es fraglich erscheinen muss, ob sich ein derartiges Verflechtungsmuster auch schon vor der Verfügbarkeit des Pkw als Massenverkehrsmittel entwickeln konnte. Die in Abb. 5.3.3 angegebenen Transportleistungen spiegeln nur den Teil des willkürlichen Raumausschnitts wider. Bei einer funktionalen Abgrenzung gemäß der Struktur der Angebotsstandorte müssten sie beträchtlich größer sein. Deshalb erscheint die Entwicklung einer vollständigen Wirtschaftslandschaft unabhängig von den verfügbaren Verkehrsmitteln m.E. eher als unwahrscheinlich. Daraus würde dann folgen, dass sich zuerst hierarchische Systeme à la CHRISTALLER herausbilden konnten, die im späteren Verlauf mit der Verbreitung des Pkw durch weitere Marktnetze zu einer vollständigen Wirtschaftslandschaft ergänzt werden.

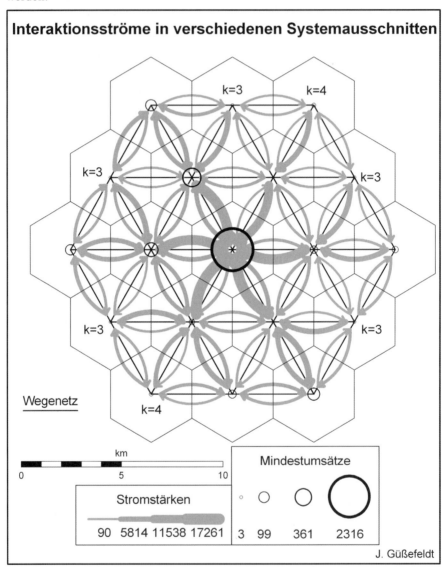

Abb. 5.3.3: Entwicklung eines "Criss-Cross-Pattern"

Diese Folgerung ist wiederum mit den Ergebnissen von PRED (1973) kompatibel, der darauf hinweist, dass die Diffusion Wachstums induzierender Innovationen nicht ausschließlich der Hierarchie des zentralörtlichen Systems folgt. Empirische Ergebnisse lassen sich besser erklären, wenn man von einem LÖSCH-System ausgeht. Leider hat er übersehen, dass eine vollständige Wirtschaftslandschaft auch die hierarchischen CHRISTALLER-Systeme in sich vereinigt. Sie stellen also in diesem Zusammenhang keinen zusätzlichen Faktor dar. außerdem bewirkt A_8 (siehe Tab. 5.1.1) eine zentripetale Verflechtung zwischen dem systembildenden Ort und allen anderen Standorten, d.h. seine Abb. 4 (PRED 1973, S. 33) ist insoweit unvollständig. Allerdings bleibt sein Einwand bestehen, dass es auch in einem vollständigen LÖSCH-System keine horizontalen Interaktionen gerade zwischen den größten Standorten gibt. Er gilt aber nur unter der Bedingung der Vollständigkeit!

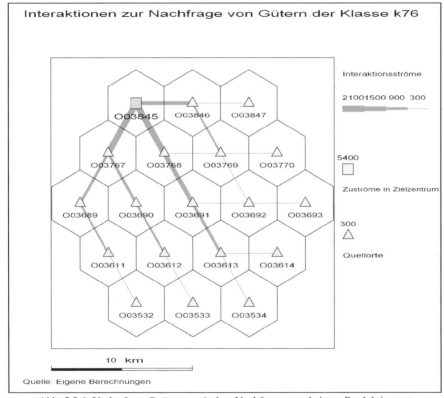

Abb. 5.3.4: Verlauf von Strömen zwischen Nachfragern und einem Produktionsort

Schaut man sich außerdem den räumlichen Verlauf der Interaktionen an, wie er ansatzweise in Abb. 5.3.3 dargestellt ist, erkennt man, dass kürzeste Interaktionswege zur Befriedigung der Nachfrage in spezialisierten Angebotsstandorten über mehrere über mehrere große Standorte als Zwischenstationen verlaufen. In Abb. 5.3.4 sind zur Veranschaulichung die Nachfrageströme nach den Gütern der Klasse k76 aus dem Verflechtungsmuster der Abb. 5.3.3 herausgelöst worden.

Nun kann man sich leicht vorstellen, dass der Strom von O03534 nach O03845 in dem multifunktionalen Angebotsstandort (O03691) – durch welche Ursachen auch immer – unterbrochen wird und dadurch Diffusionsmöglichkeiten entstehen.

Dies mag ein zusätzlicher Aspekt zu den Überlegungen von Pred (1973) sein, der Kontakte zwischen den Mitgliedern der höchsten Hierarchiestufen begründet. Da er nur entwickelte Volkswirtschaften ("advanced economies") könnte es aber auch sein, dass in einem solchen Stadium A_8 aus Kostengründen gar nicht mehr eingehalten werden kann. Durch die Konzentration von Anbietern / Produzenten im systembildenden Ort müssen ab einem bestimmten Grad der Entwicklung die Bodenpreise – um nur einen Aspekt der Diseconomies of Scale zu nennen – höher als in der nächst kleineren Klasse von Standorten sein, so dass sie für den Markteintritt gewählt werden. Die Veränderung der Größenverteilung des US-amerikanischen Städtesystems von 1970 bis 1999 stützt diese Hypothese (GÜßEFELDT 2001).

LÖSCH selbst macht keine Aussagen zu der theoretischen Größenverteilung der Standorte seiner Wirtschaftslandschaft, sondern führt erst in seinem empirischen Teil (1940, S. 284 ff.) das "*Paretosche Verteilungsgesetz*" als eine mögliche grundlegende Ursache ein. Demgegenüber hielt CHRISTALLER (1933, S. 63) das "*unglaubliche*" Auerbachsche Gesetz (1913), das äquivalent zum Paretoschen Verteilungsgesetz ist, für eine reine "*Zahlenspielerei*". Hier ist leider nicht der Platz, die Argumente für und wider die Rang-Größe-Regel – eine synonyme Bezeichnung, die von dem amerikanischen Sozialwissenschaftler ZIPF (1949) eingeführt worden ist, – ausführlich und erschöpfend zu betrachten. Da sie neuerdings aber von der NEG als "empirische Gesetzmäßigkeit" zur Grundlage eines ihrer Modelle benutzt wird, muss sie doch kurz erläutert werden. Dabei ist vorab zu betonen, dass FUJITA / KRUGMAN / VENABLES (2001, S. 215 ff.) sehr deutlich auf die Einschränkung und Unsicherheit im Hinblick auf ihren Erklärungsgehalt verweisen.

Ordnet man Elemente eines Systems der Größe nach absteigend, wird man in vielen Fällen feststellen, dass die Größe des zweiten Elementes in etwa die Hälfte der Größe des ersten aufweist, das dritte einem Drittel des Größten entspricht usw. Genau auf diese Weise wurde die Ranggrößeregel von dem deutschen Geographen AUERBACH (1913) entdeckt, der die Einwohnergrößen von Städten, Provinzen und Ländern untersucht hat. Seine Formulierung des "*Gesetzes*" lautete: $P_r \times R_r$ = const. Eine stärkere Popularität erlangte sie jedoch erst, nachdem der Sozialwissenschaftler ZIPF (1949) sie unter dem Namen "rank size rule" wieder entdeckt hatte. Besondere Wertschätzung erfuhr sie weiter, als der amerikanische Ökonom SIMON (1954) belegt hatte, dass zufällige Variationen im Wachstumsprozess von Systemelementen zu einer Verteilung ihrer Größen führen, die durch die Ranggrößeregel zu beschreiben ist. Mathematische lautet sie:

$P_r = P_0 / R_r$

Darin sind:

P_r = Population (Einwohner oder ein anderer Größenwert) des r-ten Elements.

P_0 = Population des größten Elementes.

R_r = Rangplatz des r-ten Elements.

Löst man das "*Gesetz*" nach R auf, beschreibt die Gleichung kumulierte Häufigkeiten von Elementen in den Klassen 1 bis r:

$R_r = P_0 / P_r$

Sind beispielsweise 20 Elemente ihrer Größe nach absteigend sortiert, erhält das größte den Rangplatz 1 und das kleinste den Rangplatz 20. Skaliert man die Rangplätze auf der linear eingeteilten x-Achse und die Größenwerte auf der linear unterteilten y-Achse und trägt die zugehörigen Werte als Punkte in das Koordinatenfeld ein, ergibt sich ein liegendes J, wenn die o.a. Regel gilt. Sehr viel genauer lässt sich das Auerbachsche Gesetz prüfen, wenn beide Achsen nicht linear, sondern logarithmisch unterteilt sind. Dann erhält man als ideale Ranggrößeverteilung eine Gerade.

Die ursprüngliche Beziehung ist in logarithmischer Form folgendermaßen zu schreiben:

$\log_{10}(R_r) = \log_{10}(P_0) - \log_{10}(P_r)$

Setzt man für $\log_{10}(P_0) = A$ und führt den expliziten Steigungsparameter α ein, erhält man die Verteilungsformel von PARETO (1906), in welcher P für Einkommen stand. Sie wäre dann nach Auffassung LÖSCHS als Analog-Gesetzmäßigkeit auf das Siedlungssystem zu übertragen:

$\log_{10}(P_r)$	=	$\log_{10}(P_0)$	+	α	×	$\log_{10}(R_r)$
Zu erklärende Variable		Ursache 1: Systemgröße		Ursache 2: Ökonomische Basis, zentripetale u. zentrifugale Verflechtungen, Zufall, ???, etc.		Rang / Häufigkeit

Aus dieser Darstellung des symbolischen Modells erkennt man, dass zwei Ursachen auf die Abhängige wirken. Da ist zunächst das größte Element des Systems, formal der Achsenabschnitt der Geraden, durch den das Niveau einer linearen Beziehung festgelegt wird. Diese steht für die zweite Ursache, die durch den Parameter α symbolisiert ist, der den Anteil angibt, um den sie P ändert, wenn der Rangplatz sich um eine Einheit verändert. Ist α = -1, ergibt sich das AUERBACH'SCHE-Gesetz ≡ der Rang-Größe-Regel ≡ dem PARETO'SCHEN Verteilungsgesetz. Das Vertrackte daran ist, man beschreibt zwar exakt die Wirkung einer oder mehrerer Ursachen, ohne sie jedoch explizit zu nennen. Identische Parameterwerte α desselben Städtesystems zu zwei verschiedenen Zeitpunkten können die Folge derselben oder völlig verschiedener Ursachen sein. Diesbezüglich besteht ein sehr großer Forschungsbedarf weil bislang nur wenige und kaum bewährte Hypothesen hierzu existieren, was den Vertretern der NEG durchaus bekannt ist: "It is deeply suggestive that the exponent of the power law on city sizes should be precisely at the point at which the indivisible nature of cities is necessary for the distribution to make sense. But what it suggests is still a mystery" FUJITA / KRUGMAN / VENABLES (2001, S. 223). An anderer Stelle ist zumindest ansatzweise ein Weg aufgezeigt worden, wie dieses Rätsel einer Lösung näher gebracht werden kann (GÜßEFELDT 1980, 2001).

Dass dieses Mysterium neun Jahrzehnte nach seiner ersten Entdeckung immer noch existiert, liegt nicht zuletzt an den Begründungen der Anwender dieses Modells. Immer wieder hervorgehoben werden einerseits seine Einfachheit, die zweifellos zutrifft, und andererseits seine scheinbare empirische Relevanz. Nur schmölze Letztere dahin wie ein Eisberg in warmem Wasser, wenn in neueren Untersuchungen die funktionalen räumlichen Abgrenzungen der Städte und nicht nur ihre administrativen berücksichtigt würden. hinzu kommt aber noch, dass es keineswegs beliebig ist, wie viele Städte berücksichtigt werden, da die Extremwerte auf beiden Seiten die Steigung der Regressionsgerade, den Parameter α, empfindlich beeinflussen können. Ergebnisse von Untersuchungen, in denen diesbezüglich keine Überlegungen mitgeteilt werden, wie z.B. derjenigen von FUJITA / KRUGMAN / VENABLES (2001, S. 216 ff.), zeugen weniger von empirischer Relevanz der Gesetzmäßigkeit als vielmehr von Zufallstreffern, zumal wenn nur die Geradengleichung und der empirische Verlauf der Daten angegeben sind.

Gerade das Beispiel von FUJITA / KRUGMAN / VENABLES (2001) der US-amerikanischen "Metropolitan Statistical Areas" (MSAs) kann dazu dienen, die genannten Kritikpunkte zu verdeutlichen. Die Autoren verwenden die Einwohnerzahlen von 130 MSAs im Jahr 1991, sagen jedoch nicht, welchem Jahrgangsband der "Statistical Abstracts of the United States" sie die Zahlen entnommen haben. Die von mir verwendeten Daten für 1991 stammen aus der Veröffentlichung von 1999. Sie müssen deshalb nicht mit früheren Angaben identisch sein, weil im Nachhinein Fehlerkorrekturen berücksichtigt worden sein könnten, was nicht kontrollierbar ist, da mir die andere Quelle nicht zugänglich ist. Derartige Korrekturen dürften die Parameter der Regressionsgeraden kaum gravierend beeinflussen. Hingegen kann ein entsprechender Einfluss dadurch erwartet werden, ob ausschließlich MSAs oder die in einigen Fällen ausgewiesenen "Consolidated Metropolitan Statistical Areas" (CMSAs) berücksichtigt wurden, wozu die Autoren ebenfalls schweigen. Die von mir verwendeten Einwohnerzahlen gelten für 256 MSAs und 18 CMSAs, in denen Puerto Rico nicht enthalten ist.

Tab. 5.3.1: Parameter von Ranggröße-Geraden

Modell	Achsenabschnitt A	Steigung α	r^2
F/K/V, n=130	10.549	-1.004	k.A.
MSAs & CMSAs, n=130	17.5094	-1.005	0.9869
MSAs & CMSAs, n=274	15.5570	-0.8647	0.9782

Die Parameter der Pareto-Verteilungen sind in Tab. 5.3.1 aufgeführt und zeigen, dass die Gerade bei Berücksichtigung von 274 Fällen mit -0.8647 eine flachere Steigung als erwartet (-1.0) aufweist. Dieses Manko lässt sich einfach durch eine Verringerung der Zahl der Städte beheben, wie Zeile zwei der Tabelle belegt. Der von FUJITA / KRUGMAN / VENABLES (2001, S. 216) angegebene Achsenabschnitt ist nicht reproduzierbar. Die numerischen Parameterwerte sagen wenig darüber aus, ob ein lineares Modell die Beziehung überhaupt valide abbildet. Die Autoren zeichnen noch nicht einmal ihr Modellergebnis in ihre Fig. 12.1 ein, wodurch schon ihr empirisches Argument beträchtlich ins Wanken geraten wäre, denn dann hätte man sofort die nichtlineare Abweichung erkennen können. Sie ließe sich selbstverständlich auch durch einen entsprechenden Linearitätstest belegen, worauf hier aber nicht näher eingegangen werden soll. In Abb. 5.3.5 sind neben der empirischen Häufigkeitsverteilung (Empirischer Datenverlauf) der 256 US-amerikanischen MSAs und 18 CMSAs von 1991 drei Modellaussagen wiedergegeben. Am schlechtesten approximiert das lineare Modell der Pareto-Verteilung die 274 Fälle. Die Modellaussage wird deutlich besser, wenn nur die 130 größten Städte berücksichtigt werden (F/K/V-Modell). Die stärksten Abweichungen zwischen empirischen und modellierten Häufigkeiten treten bei beiden linearen Modellen für die größten Städte auf. Demgegenüber ist die Aussage des nichtlinearen Modells – einer quadratischen Parabel – deutlich besser, die mit sehr ähnlichen Parameterwerten sogar noch gute Aussagen für das umfangreichere Kollektiv macht. Da dieser nichtlineare Zusammenhang seit 1970 nachgewiesen ist und sich in den Jahren bis 1999 immer stärker entwickelt hat (GÜßEFELDT 2001), sollte zumindest das empirische Argument von FUJITA / KRUGMAN / VENABLES mit einiger Skepsis betrachtet werden.

Zweifelhaft dürfte auch der Erklärungswert anderer – häufig physikalischer – Analogmodelle sein, wie die Autoren selbst betonen. Auf jeden Fall aber ist ihre Schlussbetrachtung in dem Punkt falsch, dass "nobody has come up with a plausible story about the process that generates the rank-size rule" (FUJITA / KRUGMAN / VENABLES 2001, S. 225). Es gab viele Versuche, die empirische Regelmäßigkeit mit inhaltliche Theorien zu verknüpfen bzw. sie aus ihnen abzuleiten. Aus rein ökonomischer Sicht sind m.E. diejenigen besonders plausibel, in denen die Entwicklung der räumlichen Nachfragefunktion betrachtet wird (z.B. GOLLEDGE 1967, DEITERS 1978, GÜßEFELDT 1980). Sie lässt sich ergänzend zu sozialwissenschaftlichen Verhaltenstheorien auch mit der Herausbildung von Präferenzen für Angebotsstandorte in monopolistischer Konkurrenzverknüpfen, wodurch ein direkter Bezug zur Mikrotheorie hergestellt wird, der diesem Kapitel der NEG gänzlich fehlt.

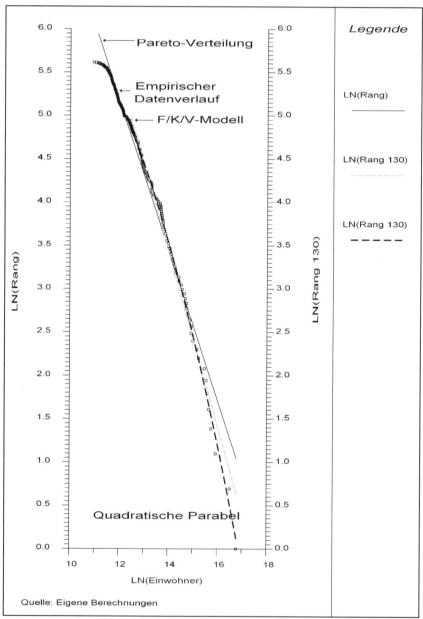

Abb. 5.3.5: Empirische Größenverteilung US-amerikanischer Städte und drei Modellaussagen

Des Weiteren dokumentieren FUJITA / KRUGMAN / VENABLES (2001, S. 215 ff.) in diesem Abschnitt neben empirischen Defiziten, die oben angeführt sind, auch theoretische Schwächen. Letztere kommen darin zum Ausdruck, dass die Autoren gar nicht bemerken, dass ihr eigenes Modell, welches sie in Kap. 11 vorgestellt haben, eine Größenverteilung von Städten erzeugt, deren Form nahezu perfekt mit derjenigen von Produktionsorten in einer Wirtschaftslandschaft von LÖSCH übereinstimmt. Sie stellen zwar fest (FUJITA / KRUGMAN / VENABLES 2001, S. 217), dass die Verteilung wohl kaum durch ein log-lineares Modell zu approximieren ist, vermuten dann aber, dass andere Parameter ihres eigenen Simulationsmodells wohl zu einer linearen Größenverteilung hätten führen können. Es wäre m.E. nützlicher gewesen, anstatt LÖSCH als Geometriker zu diffamieren, die Frage zu ventilieren, worin die Gemeinsamkeiten ihrer eigenen theoretischen Aussagen mit denjenigen von LÖSCH bestehen, die zu dieser frappierenden Übereinstimmung der Größenverteilungen von Angebotsorten führen.

Zur Ermittlung der Größenverteilung von Produktionsorten einer LÖSCHSCHEN Wirtschaftslandschaft stehen nur die Summen von Mindestumsätzen pro Standort zur Verfügung, die sich aus den Koinzidenzen der Standortwahl von Unternehmen ergeben, wie schon in Kap. 5.2 erläutert worden ist. Die Standorte der hier betrachteten räumlichen Sektoren sind repräsentativ für die gesamte Wirtschaftslandschaft, denn sowohl ihre Struktur als auch ihre Funktion wiederholt sich in derselben räumlichen Ordnung in den restlichen 10 Sektoren. In den folgenden Abbildungen ist die Änderung der Achsen gegenüber Abb. 5.3.5 zu beachten. Ihre jetzt gewählte Anordnung entspricht wirtschaftsgeographischen Konventionen.

Abb. 5.3.6 gibt die Größenverteilung der beiden Variablen "Koinzidenzen" und "Mindestumsätze" wieder, deren Formen sich kaum unterscheiden. Anhand der standörtlichen Koinzidenzen ist oben die Klassifikation der Standorte in monofunktionale, mesofunktionale und multifunktionale Produktionsorte vorgenommen worden. Man erkennt aus der Darstellung sehr leicht, dass diese Einteilung aus inhaltlicher Sicht willkürlich ist und nicht auf sonst übliche Verteilungsdiskontinuitäten zurückzuführen ist. Außerdem lässt sich an den beiden unteren Enden der Verteilungen ablesen, dass die Anzahl monofunktionaler Standorte nicht mit der Zahl von Produktionsorten mit den niedrigsten Umsätzen entspricht, d.h. die beiden Variablen sind nicht vollkommen redundant.

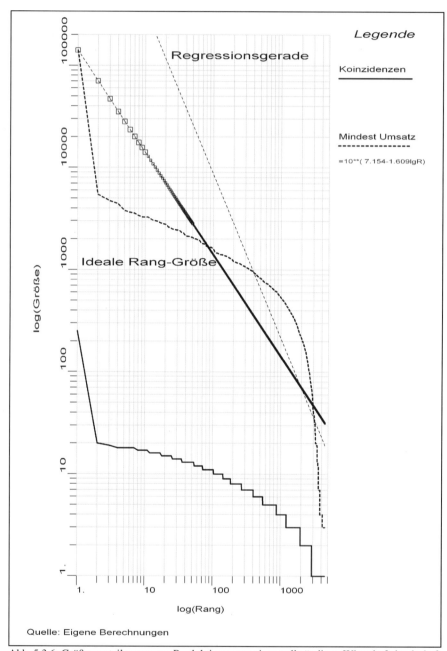

Abb. 5.3.6: Größenverteilungen von Produktionsorten einer vollständigen Wirtschaftslandschaft

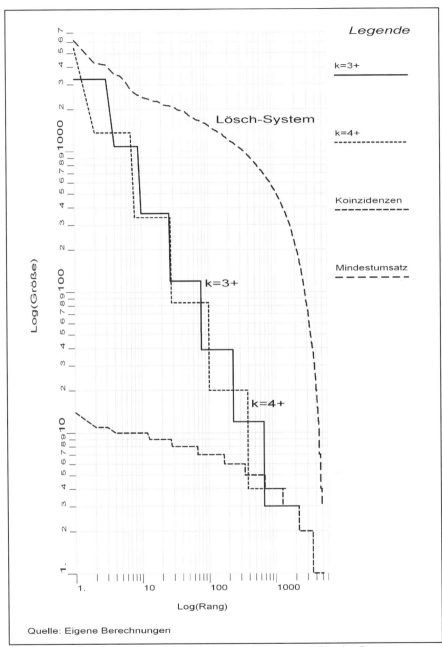

Abb. 5.3.7: Größenverteilungen ohne festen systembildenden Ort

Die im oberen Teil von Abb. 5.3.6 dargestellte Verteilung der wirtschaftlichen Größe bringt ebenfalls den Primatcharakter zum Ausdruck, der ein vollständiges Artefakt von A_8 ist. Zum Vergleich sind die beiden erwähnten linearen Modelle der idealen Rang-Größe und die Regressionsgerade der Pareto-Verteilung in die Abbildung eingetragen. Beide signalisieren, dass die Größenverteilung eines LÖSCH-Systems kaum durch eine lineare Approximation zu repräsentieren ist. Gerade dieser extreme Primatcharakter der Größenverteilung legt den Verdacht nahe, dass das oben bereits erwähnte Argument der im systembildenden Ort überproportional steigenden Standortkosten wahrscheinlich zutreffend ist. Soll dieses Problem gelöst werden, muss man A_8 ändern, wobei jedoch darauf zu achten ist, die Struktur der Wirtschaftslandschaft nicht vollkommen zu verändern. Wie eingangs zu diesem Abschnitt gezeigt worden ist, enthält sie die vollständigen hierarchischen Systeme k=3+ und k=4+, die auch unter veränderten Bedingungen vorkommen sollen. Deshalb lässt sich A_8 nicht durch eine einfache andere Annahme ersetzen, sondern nur durch eine geordnete Menge von Voraussetzungen, die man wie folgt beschreiben kann:

- $A_{8.1}$: Der erste Anbieter / Produzent der Güterklasse mit der kleinsten notwendigen Reichweite (k=3) kann einen beliebigen der kleinsten Orte für seinen Markteintritt wählen. (Der Einfachheit halber wird von mir der erste kleinste Ort festgelegt, der bei LÖSCH der Systembildner war. Alle anderen Produktionsorte derselben Güterklasse sind damit gegeben).

- $A_{8.2}$: Der erste Anbieter des Gütertyps mit der nächst höheren notwendigen Reichweite (k=4) tritt an einem zufällig aus der Menge {k=3} gewählten Produktionsort in den Markt ein.

- $A_{8.3}$: Jeder erste Anbieter von Güterklassen mit der nächst weiteren notwendigen Reichweite wählt für seinen Markteintritt zufällig einen bereits existierenden Produktionsort der jeweils nächst niedrigeren Güterklasse. (Der Erste mit einem Marktgebiet k=9 wählt zufällig einen Angebotsstandort aus der Menge {k=3}, derjenige mit k=16 einen aus {k=4} usw.).

- $A_{8.4}$: Jeder erste Anbieter eines Gütertyps, deren Marktgebiete sich zu unsymmetrischen Marktnetzen zusammensetzen (z.B. k=7, 13, 19 etc.), wählt für seinen Markteintritt zufällig einen Standort aus der Gesamtmenge bereits existierender Produktionsorte.

- $A_{8.5}$: Die äußeren Grenzen der Wirtschaftslandschaft stellen keine Barrieren dar, d.h. die Wirtschaftslandschaft entwickelt sich unter der Bedingung der Globalisierung. Sollte das unzutreffend sein, müssten $A_{8.2}$ bis $A_{8.4}$ jeweils mit dem Zusatz versehen werden, 'unter der Voraussetzung, dass das gesamte Marktgebiet innerhalb liegt'.

Während die Ausgangsbedingungen $A_{8.1}$ bis $A_{8.3}$ lediglich Löschs A_8 ersetzen, führen A8.4 und A8.5 zu einer Strukturveränderung der Wirtschaftslandschaft. Im Original bilden auch die unsymmetrischen Marktnetze k=7+, 13+, 19+ usw. wohingegen das jetzt nur noch zufällig geschehen kann. Das hat weitreichende Konsequenzen:

1. Die Anzahl der Produktionsorte steigt von 4488 auf 5095, womit dem Ziel der "*Maximierung selbständiger Existenzen*" (LÖSCH 1940, S. 72) besser entsprochen wird.
2. Die Differenzierung in "*städtearme*" und "*städtereiche*" Sektoren entfällt.
3. Die Form der Größenverteilung ist nunmehr konvex (siehe Abb. 5.3.7) und entspricht damit den Erwartungen von PRED (1973).

Wie Abb. 5.3.7 belegt, dürfte damit das Problem überproportionaler Standortkosten im größten Ort unter diesen veränderten Bedingungen nicht mehr relevant sein. Es erhebt sich aber zwingend die Frage, ob nicht etwa eine Kostenverlagerung von der Anbieterseite auf die Nachfrageseite durch eine Transportkostenerhöhung stattgefunden hat. Sie lässt sich durch eine Untersuchung der notwendigen Nachfrageströme und deren Kosten in beiden Wirtschaftslandschaften eindeutig beantworten. Für eine Stichprobe von 118 repräsentativen Nachfrageorten wird verlangt, dass alle 252 Güterklassen und –typen auf den jeweils kürzesten Wegen im Verkehrsnetz nachgefragt werden. Die Probe kann nicht aus allen 6020 kleinsten Orten gezogen werden, sondern nur aus denjenigen von ihnen, die innerhalb der in beiden Wirtschaftslandschaften verwendeten Marktnetze liegen. Dadurch werden Randprobleme a priori ausgeschlossen, d.h. artifizielle Erhöhungen der Transportkosten für solche Orte, die zwar innerhalb der beiden Sektoren, aber außerhalb der betrachteten Marktnetze lokalisiert sind, was besonders bei den weitmaschigen Netzen auftreten kann. Eine äquivalente Lösung hätte darin bestanden, keine Stichprobe, sondern die Gesamtheiten der Marktnetze in beiden Wirtschaftslandschaften zu betrachten. Wegen des beträchtlich höheren Aufwands wurde darauf jedoch verzichtet und die Stichprobenlösung gewählt.

Im Durchschnitt betragen die Transportkosten zur Befriedigung der Nachfrage nach allen 252 Gütern in der Wirtschaftslandschaft mit systembildendem Ort 8400 km und in derjenigen ohne das dominierende Zentrum 8374 km. Die Differenz von 26 km ist statistisch nicht signifikant (t = 0.5453, Signifikanz = 0.593), sondern wahrscheinlich durch die Stichprobe bedingt. dennoch lassen sich einige wichtige Unterschiede zwischen den beiden Wirtschaftslandschaften ausmachen. Im Original beträgt die Spannweite der Transportkosten 1892 km gegenüber 244 km in der Wirtschaftslandschaft ohne festen systembildenden Ort. Entsprechend größer sind in Ersterer die Standardabweichung und die Varianz, so dass sich beide Verteilungen insgesamt signifikant unterscheiden (Kolmogorov-Smirnov-

D= 0.2034, Signifikanz= 0.015). Ökonomisch gesehen gibt es also in dem Lösch-System Orte, deren Nachfrageelastizität größer / kleiner als in dem veränderten System ist, d.h. mögliche Preisänderungen wirken sich in beiden Wirtschaftslandschaften unterschiedlich aus. Unter Aspekten der Weiterentwicklung könnte gerade dieses Resultat von Bedeutung sein.

Bleibt abschließend nur noch der Frage nachzugehen, ob die theoretische Größenverteilung irgendeine empirische Relevanz besitzen könnte. Das gesamt System ist geprägt durch die Markteintritte innovativer Unternehmen, deren Standortwahl nicht völlig frei war, sondern durch bereits vorhandene Systeme von Produktionsorten beeinflusst wurde. Diese raum-zeitliche Erhaltensneigung legt die Vermutung nahe, dass Systeme mit unterschiedlichen Entwicklungstraditionen zunächst sehr verschieden strukturiert sind, sich jedoch mit abnehmender Autokorrelation einem LÖSCH-System annähern. Hinsichtlich der Größenverteilung meint dies nicht eine Übereinstimmung von empirischer und theoretischer Form, sonder eine Annäherung Ersterer im Laufe ihrer Entwicklung an die theoretische Größenverteilung.

Soll eine derartige Aufgabe gelöst werden oder ein Vergleich verschiedener Systeme erfolgen, in denen jeweils Größe unterschiedlich dimensioniert ist oder sehr große Unterschiede zwischen den zu vergleichenden Kollektiven auftreten, müssen die Größenwerte normiert werden. Die nahe liegende Transformation, die auch von den NEG-Theoretikern benutzt wird (FUJITA / KRUGMAN / VENABLES 2001, S. 183 u. 212), scheidet aus, weil ihre Ergebnisse vom Umfang der jeweiligen Kollektive abhängig sind. Dadurch spiegeln sie zwar bspw. die Entwicklung von Systemen wieder, wenn man etwa an das Städtesystem der USA seit der Unabhängigkeit und zu späteren Zeitpunkten denkt, jedoch ist dieser Effekt unerwünscht, wenn die zu vergleichenden Systeme voneinander unabhängig sind bzw. sein könnten. Letzteres wäre bei einem Vergleich von europäischen und US-amerikanischen Standortsystemen denkbar.

Eine einfache lineare Normierung von Einzelwerten, wobei gleichzeitig Dimensionsunterschiede, Umfangs- und Größenabhängigkeiten ausgeschaltet werden, besteht darin, jeden Einzelwert als Anteilswert seiner zugehörigen Spannweite zu transformieren:

$$x'_{ij} = (x_{ij} - x_{\min j}) \times K / (x_{\max j} - x_{\min j}) + 0.001 \text{ für } i=1,2,\ldots,n \text{ Fälle und}$$

$$j=1,2,\ldots,m \text{ Größenvariablen.}$$

Hierin legt die Konstante K die Basis für die Relation fest, d.h. ist k=1 werden die x' als Proportion [0,1]+0.001 ausgedrückt, ist K=100, sind die x'-Werte Prozentanteile+0.001 der Spannweite etc. Mit K lässt sich also praktisch die einheitliche Größenordnung der transformierten Werte definieren. Damit ihr Minimum nicht Null ist, wird die gesamte neue Verteilung um +0.001 ins Positive verschoben. Ohne diese Translation wäre eine spätere logarithmische Transformation nicht möglich.

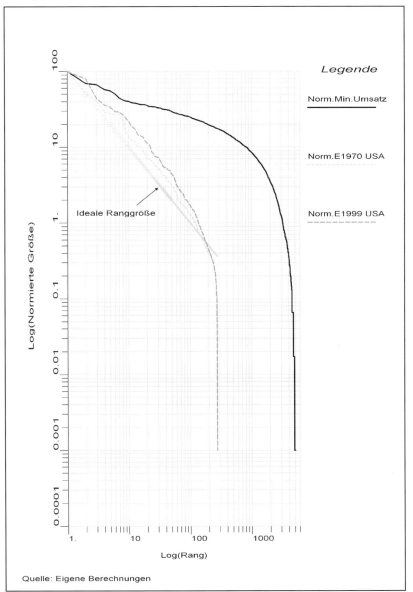

Abb. 5.3.8: Normierte Größenverteilungen von Produktionsorten der modifizierten Wirtschaftslandschaft und US-amerikanischer Städte

Zur Darstellung in Abb. 5.3.8 wurden auf die eben beschriebene Art die notwendigen Mindestumsätze (Norm.Min.Umsatz) von Produktionsorten in der modifizierten Wirtschaftslandschaft und die Einwohnerzahlen von 274 US-amerikanischen MSAs und CMSAs für 1970 (Norm.E.1970 USA) und 1999 (Norm.E.1999 USA) transformiert. Leicht lässt sich an der idealen Ranggröße erkennen, die unter normierten Bedingungen für alle Verteilungen eine Referenz darstellt, dass das lineare Modell weder die beiden empirischen Größenverteilungen noch die theoretische Verteilung valide beschreibt, was FUJITA / KRUGMAN / VENABLES (2001, S. 215 ff.) behaupten. Auch ohne zusätzlichen statistischen Test kann man der Abbildung die Abweichung der Stadtgrößenverteilung im Jahr 1970 vom linearen Referenzmodell entnehmen. In der weiteren Entwicklung bis 1999 ist sie sogar stärker geworden, wobei sie in Richtung der theoretischen Lösch-Verteilung verschoben ist. Eine Übereinstimmung zwischen beiden gibt es jedoch nicht, die schon wegen der unterschiedlichen Kollektivgrößen so gar nicht auftreten kann. Darauf kommt es an dieser Stelle auch nicht an, denn dann müsste zumindest geklärt sein, ob die hier zugrunde gelegte Wirtschaftslandschaft tatsächlich den relevanten Erwartungswert darstellt oder ob nicht schon von der Abmessung und dem Netz der kleinsten Orte und damit auch der Größe der Marktnetze her gesehen entsprechende Anpassungen nötig gewesen wären.

> Ich kann freilich nicht sagen, ob es besser werden wird, wenn es anders wird; aber so viel kann ich sagen, es muß anders werden, wenn es gut werden soll.
>
> G.C. LICHTENBERG [I/ 246,2] 1793.

6. Schlussfolgerungen

Die methodologische und theoretische Betrachtung der Raumwirtschaftstheorien V. THÜNENS, LÖSCHS und CHRISTALLERS führt zu den folgenden Resultaten:

Alle drei Theorien sind deduktive Folgerungen aus allgemeinen Gesetzmäßigkeiten und Ausgangsbedingungen. Diese Herangehensweise hat v. THÜNEN (1875) in der Vorrede zu seiner Arbeit präzise begründet: "*Noch bitte ich die Leser, die dieser Schrift ihre Zeit und Aufmerksamkeit schenken wollen, sich durch die im Anfang gemachten, von der Wirklichkeit abweichenden Voraussetzungen nicht abschrecken zu lassen, und diese nicht für willkürlich und zwecklos zu halten. Die Voraussetzungen sind vielmehr n o t h w e n d i g , um die Einwirkung einer bestimmten Potenz - von der wir in der Wirklichkeit nur ein unklares Bild erhalten, weil sie daselbst stets im Konflikt mit andern gleichzeitig wirkenden Potenzen erscheint - für sich darzustellen und zum Erkennen zu bringen.*" Dieser Begründung ist nichts hinzuzufügen, weshalb sie bis heute in den Wirtschaftswissenschaften wahrscheinlich den methodologischen Grundstein der neoklassischen Theoriebildung darstellt. Sowohl bei CHRISTALLER als auch LÖSCH finden sich mehrfach Äußerungen, in denen sie auf die Gültigkeit dieses Prinzips im Kontext ihrer eigenen Theorien verweisen. Die Vertreter der NEG äußern sich zu diesem Punkt nicht explizit, sondern betonen ihre Wurzeln in der Neoklassik, so dass diesbezügliche Unterschiede nicht erkennbar sind. Somit erweist sich ihre Bewertung der Zentralörtlichen Theorie als "*Deskriptionsschema*" als skurriles Ergebnis einer geistigen Verwirrung, es sei denn, es gäbe einen Konsens über eine andere gültige Art der Erklärung, die sie aber nicht explizieren, und die auch nicht in den Standardwerken des Mainstreams zum Ausdruck gebracht wird. Das Gegenteil trifft eher zu.

Unterschiede zwischen den Raumwirtschaftstheorien der drei Klassiker treten auf der theoretischen Ebene zu Tage. Während v. THÜNEN und LÖSCH Optima zum Zweck der Verbesserung der Realität konstruieren, versucht CHRISTALLER die Erklärung eines realen Siedlungssystems zu erarbeiten. Da Optima nicht zwangsläufig auch einen empirischen Erklärungsgehalt besitzen müssen, wie gezeigt wurde, könnten die Unterschiede zwischen den Theorien von CHRISTALLER und LÖSCH kaum größer sein. Hinzu kommt aber noch, dass Ersterer seine theoretischen Aussagen auf den Dienstleistungssektor einschränkt, während Letzterer allgemeiner die Produktion materieller und immaterieller Güter betrachtet. Damit ist seine Theorie umfangreicher, weil sie auch den sekundären Sektor einschließt. Wohl nicht zufällig lässt LÖSCH als ersten Innovator einen

Bier brauenden Bauernsohn in den Markt eintreten, während CHRISTALLER immer wieder typische Dienstleister wie Einzelhändler, Arzt und Apotheker betrachtet.

Allgemeiner ausgedrückt, lässt sich Folgendes festhalten: Wirtschaftswissenschaftler haben ein völlig anderes Erkenntnisziel als Wirtschaftsgeographen. Welchem Mainstream der Ökonomie Erstgenannte auch immer angehören mögen, sie suchen nach der optimalen Verwendung knapper Mittel. Haben sie ein solches globales Optimum entdeckt, welches in der Realität nicht vorkommt, muss sie verändert werden und nicht das Optimierungsmodell. Das sollte Wirtschaftsgeographen sehr geläufig sein, schließlich hat bereits LÖSCH (1940, S. 2) nichts anderes geschrieben: "*Das eigentliche Geschäft der Ökonomen ist nicht, die miserable Wirklichkeit zu erklären, sondern zu verbessern.*" Und nach Abschluss seiner theoretischen Überlegungen fährt er fort (1940, S. 237): "*Nein, jetzt muß der Vergleich nicht mehr erfolgen um die Theorie, sondern um die Wirklichkeit zu prüfen! Jetzt gilt es festzustellen, ob es in ihr denn überhaupt vernünftig zugeht.*" Demgegenüber versuchen Wirtschaftsgeographen, Aspekte der Wirklichkeit zu erklären, wobei es nur um die Ordnungsprinzipien, aber nicht um Details gehen kann. Dabei müssen sie in Kauf nehmen, dass sich ihre Erklärungsversuche als falsch erweisen und sie deshalb zu verwerfen sind. Diese beiden Antipoden können einander nur näher kommen, wenn die einen bereit wären, ihre "Optimierungsfenster" zu überdenken und die anderen sich fragen würden, welche Optimalitätsbedingungen ihre Sätze enthalten. Dieser Unterschied zwischen den beiden in vieler Hinsicht komplementären Fachgebieten hat gerade in der Debatte um die NEG auf beiden Seiten zu fundamentalen Missverständnissen geführt, die man eingedenk der hier dargelegten Überlegungen in Zukunft vermeiden könnte.

Die generelle Aussage von LÖSCH und der NEG sind identisch: wirtschaftliche Entwicklung / Wachstum findet aufgrund der räumlich differenzierten Standortwahl von Produzenten statt. Um einen derartigen Entwicklungsprozess in Gang zu bringen, lässt LÖSCH unternehmerische Innovatoren in den Markt eintreten. Die NEG hingegen unterstellt (a) eine Wanderungsbewegung von Arbeitern aufgrund von Reallohnunterschieden, die zum Eintritt von Produzenten führt, um die neue Nachfrage zu befriedigen und (b) den Markteintritt neuer Produzenten infolge von endogenen Agglomerationseffekten. Allein daraus erkennt man, dass LÖSCH zunächst eine erste, die NEG aber gleich die zweite Entwicklungsphase der Raumwirtschaft betrachtet, die bei LÖSCH in seinen Überlegungen "*unter schwierigen Verhältnissen*" folgt. Beide Ursachenkomplexe von LÖSCH und der NEG jeweils allein beinhalten nur Teilaspekte, weshalb von mir oben ihre Kombination vorgeschlagen worden ist. Sie dürfte sich allerdings wegen der rudimentären Raumvorstellung und ihrer diffusen bzw. wirtschaftlich ineffizienten Grundlegung durch die NEG schwierig gestalten. Diesbezüglich erscheint die

Theorie LÖSCHS verglichen mit derjenigen der NEG wie der Parthenon zu einer Goldgräberhütte im Indianerland. Diese Armseligkeit versucht KRUGMAN durch unqualifizierte Äußerungen zu überspielen.

CHRISTALLERS Theorie ist nach 70 Jahren immer noch ein Prototyp, weil er im Gegensatz zu v. THÜNEN und LÖSCH in seiner Reichweitenhypothese die "*subjektive wirtschaftliche Entfernung*" berücksichtigt und nicht allein die "*objektive*" in Form messbarer Raumüberwindungskosten. Er zeigt damit eine Möglichkeit auf, wie in eine sonst neoklassische Theorie der Homo sociale zu integrieren ist. Diese Idee könnte dann wegweisend werden, wenn man die übrigens inhaltlich höchst anregenden Theoreme der NEG so operationalisieren wollte, dass sie auch einen empirischen Gehalt besitzen.

Die immer wieder angemahnte "Dynamisierung" der zentralörtlichen Theorie gibt es für einzelne Teile ihrer Annahmen seit langem. Selbst für ihr Kernstück – die Reichweitenhypothese – hat schon DEITERS (1978, S. 35 ff.) die Implementation eines Lernmodells vorgeschlagen. Als einen der wenigen noch fehlenden Bausteine – nämlich die Verknüpfung der räumlichen Perspektive von realem mit dem theoretischen System – könnte man die hier vorgelegten vier Sätze zur Transformation und Retransformation von Standortsystemen verwenden. Es müsste sich nur jemand der Mühe unterziehen, die zahlreichen Mosaiksteine zu einem simultanen Gleichungssystem zusammenzusetzen. Dabei könnte man viele Anregungen durch die Beschäftigung mit den NEG-Modellen erhalten. Man sollte allerdings nicht erwarten, dass man selbst bei Verwendung einer sehr aufwendigen Methodik mehr als die Grundprinzipien abbilden kann.

Das Gleiche gilt auch für die Theorie von LÖSCH, nur müsste man wahrscheinlich ihre Aussagen erst einmal rezipieren, denn eine intensive Auseinandersetzung mit ihnen hat zumindest in der Wirtschaftsgeographie nicht stattgefunden, soweit ich sehen kann. Für die Wirtschaftswissenschaften scheint etwas Ähnliches zu gelten, wie man dem späten Gleichungsansatz von FUNCK (2001) entnehmen kann, jedoch sind einzelne Aspekte seit langem debattiert und kritisiert worden, wie man den Ausführungen von ISARD 1956, V. BÖVENTER 1995, BECKMANN 2001 entnehmen kann, vor allem der von ihnen zitierten weiterführenden Literatur. Manchmal kann man sich des Eindrucks nicht erwehren, dass auch die Kritiker nicht immer konsequent zwischen den beiden Entwicklungsphasen der Raumwirtschaft unterscheiden, die LÖSCH mit seinen "*einfachen*" und "*schwierigen Verhältnissen*" vorschwebte. Deshalb pauschal zu behaupten, LÖSCH sei ein Geometriker mit fehlender ökonomischer Micro foundation gewesen, wie KRUGMAN es tut, grenzt an Diffamierung, auch wenn er zwischendurch einschiebt: "*LÖSCH vindicated*" (KRUGMAN 1998, S. 64).

Immerhin konnte hier durch die Anwendung der LÖSCH'SCHEN Methode gezeigt werden, dass seine Theorie nicht nur einen Begründungszusammenhang, sondern einen Erklärungsansatz für real zu beobachtende bandförmige Siedlungsstrukturen bietet. Etwas Vergleichbares findet sich in den NEG-Theoremen nicht, sondern allenfalls eine primitive Projektion einer Städtehierarchie auf eine Linie, deren Erklärungsgehalt in diesem Kontext bestenfalls als tautologisch zu bezeichnen wäre. LÖSCHS generelle Aussagen über die unterschiedliche wirtschaftliche Struktur und Funktion von Standorthäufungen (Konzentrationskerne, Cluster) sowie der Regionen ("*größere Häufungen*") sind bislang nicht näher durchleuchtet worden. Die zu erwartenden Resultate könnten m.E. eine validere Ausgangsbasis der NEG-Theoreme bilden als ihre augenblicklichen Simplifizierungen, wenn KRUGMAN sich zu einem konstruktiven Umgang mit den Ideen anderer entschließen würde.

Was man im Zusammenhang mit der Einführung der NEG-Theoreme in die Neoklassik erlebt hat, war eine dieser Revolutionen, wenn auch eine kleine, die einige Wissenschaftstheoretiker immer wieder am Beispiel der Physik schildern. In den Wirtschaftswissenschaften wird durch sie nicht die Neoklassik abgelöst, das wäre eine große Revolution vergleichbar mit der Ablösung der Newton'sche Theorie durch diejenige Einsteins, sondern die Ein-Punkt-Theorie wird durch eine Mehrdimensionalität in Raum und Zeit ergänzt und in der weiteren Entwicklung wohl auch abgelöst werden. Die Reaktionen aus dem Mainstream lassen eine solche Entwicklung erwarten. Damit aber stellt sich die Frage nach der zukünftigen Rolle der Wirtschaftsgeographien in den Wirtschaftswissenschaften. Bislang waren sie wenigstens mit ihrem raumwirtschaftlichen Zweig (SCHÄTZL 2001) in seiner theoretischen Fundierung und seinem empirischen Realismus ein respektiertes und zum Studium empfohlenes Wahlpflichtfach. Braucht man das wirklich noch? Zumal wenn es sich unter Berufung auf "Glaubensbekenntnisse" und "Geschmacksfragen" auf "*Fuzzy Concepts*" (MARKUSEN 1999) zurückzieht, die heute als "*relational turn*" (BATHELT / GLÜCKLER 2003) daherkommen? Mit an Sicherheit grenzender Wahrscheinlichkeit nicht, solange damit eine offene Ablehnung der Entwicklung des Mainstreams proklamiert wird. Akzeptiert und gebraucht wird allenfalls eine konstruktive Ergänzung der räumlichen Aspekte der Operationalisierung der NEG-Theoreme. Die Anwendung und Weiterentwicklung der GIS-Technologie als Kernkompetenz dürfte diesbezüglich mehr Erfolg versprechen als die Enträumlichung.

Abschließend seien ganz unteutonisch einige Fragen angefügt, die heutige und künftige "*Forschergenerationen*" gemeinsam beantworten müssten:

> ➔ Ist es nicht ein Leichtes, LÖSCHS Raumwirtschaftstheorie als Ausgang der NEG-Theoreme zu wählen?

> ➔ Muss tatsächlich eine neue teutonische Pyramide errichtet werden, die typischerweise deshalb besonders steil ist, weil an ihrer Spitze der Gegensatz zwischen Homo oeconomicus und Homo sociale steht?

→ Weshalb sollte es für die Wirtschaftsgeographen unmöglich sein, beispielsweise in ein solches Zentrum-Peripherie-Modell den Homo sociale zu integrieren, der dann den deterministischen Homo oeconomicus ersetzt?

→ Wie viel Wirtschaftstheorie braucht die Wirtschaftsgeographie? Diese Frage wird beispielsweise bereits in der sachsonischen Subzivilisation debattiert (z.B. MARTIN / SUNLEY 2001, YEUNG 2001), während in der teutonischen nur ein abermaliges Schweigen herrscht.

Allein der Versuch, sich mit diesen Fragen zu beschäftigen, würde einerseits ein Diskriminanzkriterium zwischen der teutonischen und sachsonischen Subzivilisation der GALTUNG'SCHEN Theorie intellektueller Stile relativieren und andererseits eine längst überfällige Modernisierung des teutonischen Stils einleiten. "*Cogito, ergo sum*", löste DESCARTES sein existenzphilosophisches Problem, woraus hier die Botschaft abzuleiten wäre: **cogita, eris**! Nicht aber Carthaginem esse delendam.

> In der Wissenschaft gibt es Modeerscheinungen, und manche Wissenschaftler schließen sich ihnen fast so hurtig an wie manche Maler und Musiker. Modeerscheinungen ziehen die Schwachen an, aber man sollte ihnen widerstehen, statt sie zu fördern.
> K.R. POPPER 1973, S. 240.

7. Zusammenfassung

Ausgangspunkt der vorliegenden theoretischen Betrachtung sind die Bewertung der Zentralörtlichen Theorie durch einige Vertreter der "New Economic Geography" als reines Deskriptionsschema. Obendrein differenzieren sie nicht zwischen den Raumwirtschaftstheorien von CHRISTALLER und LÖSCH, sondern sie sind offensichtlich der Meinung, dass beide dieselben Aussagen machen. In diesem Beitrag werden mit Hilfe von Analysen auf metatheoretischer und theoretischer Ebene Identitäten, aber auch fundamentale Unterschiede zwischen den beiden Raumwirtschaftstheorien aufgezeigt. Alle diesbezüglichen Aussagen der NEG-Theoretiker erweisen sich damit als falsch. Darüber hinaus werden durch die Anwendung der Methode von LÖSCH auf eine ganze Wirtschaftslandschaft seine Schlussfolgerungen in räumlicher Hinsicht akzentuiert belegt. Außerdem wird daraus zusätzlich eine Erklärung bandförmiger Siedlungsstrukturen abgeleitet, ohne die Effekte des Verkehrs bzw. von Bandinfrastrukturen bemühen zu müssen.

Gemäß der GALTUNG'SCHEN Theorie intellektueller Stile ist die Welt der Wissenschaften in eine sachsonische, teutonische, gallische und nipponische Subzivilisation zu gliedern. In Kap. 3 steht die Debatte um die "New Economic Geography" (NEG) in der teutonischen Subzivilisation von Wirtschaftsgeographen im Mittelpunkt der Betrachtung, wobei hin und wieder ein Blick über den eigenen Tellerrand in die sachsonische intellektuelle Gemeinschaft geworfen wird. In einem Punkt ähneln sich beide: die Neoklassik scheint eher ein weißer Fleck auf den intellektuellen Landkarten zu sein, woraus fundamentale Missverständnisse der NEG-Theoreme resultieren. Auf einem anderen Feld lassen sich hingegen beträchtliche Unterschiede zwischen den beiden Subzivilisationen ausmachen. Während in der sachsonischen Landschaft eine lebhafte Debatte stattfindet, melden sich in den teutonischen Wirtschaftsgeographien nur vereinzelte Stimmen zu Wort. Dort verläuft die Debatte von einer Auseinandersetzung mit der NEG über eine Kritik am "Cultural Turn" bis hin zur Frage, wie viel Wirtschaftstheorie die Wirtschaftsgeographie benötigt. Hier wurde hingegen in typisch teutonischer Manier versucht, mit einem Time Lag von mehr als 10 Jahren den "Cultural Turn" als neue gigantische Pyramide in der teutonischen Landschaft unter dem Label "Relational Turn" zu errichten. Durch die Hommage an den Zeitgeist der

Beliebigkeit intellektueller Vorlieben wird unter Vernachlässigung beinah aller wissenschaftlichen Prinzipien eine diffuse Epistemologie maximiert.

Darin unterscheiden sich viele der heutigen Wirtschaftsgeographen von ihren früheren Klassikern, die ihre theoretischen Systeme strikt deduktiv hergeleitet haben, wie es ebenso in der Neoklassik und der NEG üblich ist. Damit erweist sich die Vermutung als falsch, die NEG-Theoretiker könnten einen vollkommen anderen Erklärungsbegriff als die Raumwirtschaftstheoretiker präferieren. Deshalb ist ihre Einstufung der Zentralörtlichen Theorie als Deskriptionsschema um so erstaunlicher. Rational ist sie nur durch das Fehlurteil der NEG-Theoretiker zu begründen, Wirtschaftsgeographen strebten dasselbe Erkenntnisziel wie sie selbst an. Nichts liegt ihnen jedoch ferner!

8. Literaturauswahl

BAHRENBERG, G. (2002): Globalisierung und Regionalisierung: die 'Enträumlichung' der Region. In: Geographische Zeitschrift, 90, S. 52-63.

BARTELS, D. (1970): Wirtschafts- und Sozialgeographie. Einleitung. Köln, Berlin.

BATHELT, H. (2001): Warum Paul Krugmans Geographical Economics keine neue Wirtschaftsgeographie ist! Eine Replik zum Beitrag 'New Economic Geography' von Armin Osmanovic. In: Die Erde, 132, S. 107-118.

BATHELT, H. & J. GLÜCKLER (2002): Wirtschaftsgeographie: ökonomische Beziehungen in räumlicher Perspektive. Stuttgart.

BATHELT, H. & J. GLÜCKLER (2003): Toward Relational Economic Geography. In: Journal of Economic Geography, 3, S. 117-144.

BECKMANN, M.J. (2001): August Löschs Klassiker "Die räumliche Ordnung der Wirtschaft". In: HEERTJE, A. (Ed.): Vademecum zu einem Klassiker der Standorttheorie. Düsseldorf. S. 75-87.

BLOTEVOGEL, H.H. (1996): Zentrale Orte: Zur Karriere und Krise eines Konzepts in der Regionalforschung und Raumordnungspraxis. In: Erdkunde, 50, S.

BLOTEVOGEL, H.H. (2002): Zum Verhältnis des Zentrale-Orte-Konzepts zu aktuellen gesellschaftspolitischen Grundsätzen und Zielsetzungen. BLOTEVOGEL, H.H. (Hrsg.): Fortentwicklung des Zentrale-Orte-Konzepts. Hannover. (= Forschungs- und Sitzungsberichte, ARL, 217).

BÖVENTER, E. VON (1995): Raumwirtschaftstheorie. In: ARL (Ed.): Handwörterbuch der Raumordnung. Hannover. S. 788-799.

CHAMBERLIN, E. (1933): The Theory of Monopolistic Competition. Cambridge MA.

CHRISTALLER, W. (1933): Die zentralen Orte in Süddeutschland. Darmstadt.

DEITERS, J. (1978): Zur empirischen Überprüfbarkeit der Theorie zentraler Orte. Fallstudie Westerwald. Bonn (= Arbeiten zur Rheinischen Landeskunde, 44).

DEITERS, J. (1996): Ist das Zentrale-Orte-System als Raumordnungskonzept noch zeitgemäß? In: Erdkunde, 50, S. 26-34.

DICKEN, P. & P. LLOYD (1999): Standort und Raum. Theoretische Perspektiven in der Wirtschaftsgeographie. Stuttgart.

FINGLETON, B. (1999): Economic Geography with Spatial Econometrics: A 'Third Way' to Analyse Economic Development and 'Equilibrium', with Application to EU Regions. Badia Fiesolana, San Domenico (FI) (=EUI Working Paper ECO No. 99/21).

FUJITA, M; KRUGMAN, P. & A.J. VENABLES (2001): The Spatial Economy. Cities, Regions, and International Trade. Cambridge MA & London.

FUNCK, R.H. (2001): August Löschs "Räumliche Ordnung der Wirtschaft". Werk und Wirkung. In: HEERTJE, A. (Ed.): Vademecum zu einem Klassiker der Standorttheorie. Düsseldorf. S. 59-74.
GALTUNG, J. (1983): Struktur, Kultur und intellektueller Stil. Ein vergleichender Essay über sachsonische, teutonische, gallische und nipponische Wissenschaft. In: Leviathan, 11, S. 303-338.
GEBHARDT, H. (1996): Zentralitätsforschung – ein "alter Hut" für die Regionalforschung und Raumordnung heute? In: Erdkunde, 50, S. 1-8.
GIESE, E. & I. MOßIG (2002): Theoretische Grundlegung und Ausrichtung der Wirtschaftsgeographie. In: Geographische Zeitschrift, 90, S. 1-4.
GOLLEDGE, R.G. (1967): Conceptualizing the Market Decision Process. In: Journal of Regional Science, 7 (Suppl.), S. 239-258.
GÜßEFELDT, J. (1980): Konsumentenverhalten und die Verteilung zentraler Orte. In: Geographische Zeitschrift, 68, S. 33-53.
GÜßEFELDT, J. (2001): Zur Interdependenz von wirtschaftlicher Entwicklung und Städtesystem. In: Geographische Zeitschrift, 89, S. 195-210.
GÜßEFELDT, J. (2002): Zur Modellierung von räumlichen Kaufkraftströmen in unvollkommenen Märkten. In: Erdkunde, 56, S. 351- 370.
GÜßEFELDT, J. (2003): Empirische Aspekte einiger Modelle der "New Economic Geography" im Kontext jüngerer Entwicklungen des Einzelhandels. In: Die Erde 134, S. 1-30.
HAGGETT, P. (1991): Geographie – Eine moderne Synthese. New York.
HOMANS, G.C. (1972): Grundfragen soziologischer Theorie. Köln, Opladen.
HOOVER, E.M. (1937): Spatial Price Discrimination. In: The Review of Economic Studies, S. 182-191. (zit. nach LÖSCH 1940).
HUDSON, R. (2003): Fuzzy Concepts and Sloppy Thinking: Reflections on Recent Developments in Critical Regional Studies. In: Regional Studies, 37, 6&7, S. 741-746.
ISARD, W. (1956): Location and Space-Economy. Cambridge MA.
KISTENMACHER, H. (1995): Achsenkonzepte. In: ARL (Ed.): Handwörterbuch der Raumordnung. Hannover. S. 16-24.
KOSCHATZKY, K. (2001): Räumliche Aspekte im Innovationsprozeß. Ein Beitrag zur neuen Wirtschaftsgeographie aus Sicht der regionalen Innovationsforschung. Münster, Hamburg. Wirtschaftsgeographie, 19.
KOSCHATZKY, K. (2002): Die "New Economic Geography": Tatsächlich eine neue Wirtschaftsgeographie? In: Geographische Zeitschrift, 90, S. 5-19.
KRUGMAN, P. (1991): Geography and Trade. London.
KRUGMAN, P. ($1997^{3.}$): The Age of Diminished Expectations. Cambridge MA.
KRUGMAN, P. (1998): What's New About the New Economic Geography? In: Oxford Review of Economic Policy, 14, S. 7-17.
KRUGMAN, P. (1998a): Development, Geography, and Economic Theory. Cambridge MA u. London.

KRUGMAN, P. (2000): Where in the World is the "New Economic Geography"? In: CLARK, G.L.; FELDMAN, M.P. & M.S. GERTLER (Eds. 2000): The Oxford Handbook of Economic Geography. Oxford, S. 49-60.
KUHN, T.S. (19794.): Die Struktur wissenschaftlicher Revolutionen. Frankfurt/Main.
LAGENDIJK, A. (2003): Towards Conceptual Quality in Regional Studies: The Need for Subtle Critique – A Response to Markusen. In: Regional Studies, 37, 6&7, S. 719-727.
LAMBOOY, J.G. (1969): City and City Region in the Perspective of Hierarchy and Complementarity. In: Tijdschrift voor Economische en Sociale Geografie. S. 141-154.
LIMÃO, N. & A.J. VENABLES (2001): Infrastructure, Geographical Disadvantage, Transport Costs, and Trade. In: The World Bank Economic Review, Vol. 15, 3, S. 451-479.
LÖSCH, A. (1940): Die räumliche Ordnung der Wirtschaft. Jena.
MARKUSEN, A. (1999): Fuzzy Concepts, Scanty Evidence, Policy Distance: The Case for Rigour and Policy Relevance in Critical Regional Studies. In: Regional Studies 33, 9, S. 869-884.
MARKUSEN, A. (2003): On Conceptualization, Evidence and Impact: A Response to Hudson, Lagendijk and Peck. In: Regional Studies, 37, 6&7, S. 747-751.
MARSHALL, A. (1938): Principles of Economics. An Introductory Volume. London.
MARTIN, R. (1999): The New 'Geographical Turn' in Economics: Some Critical Reflections. In: Cambridge Journal of Economics, 23, S. 65-91.
MARTIN, R. & P. SUNLEY (2001): Rethinking the "Economic" in Economic Geography: Broadening Our Vision or Losing Our Focus? In: Antipode, 33, S. 148-161.
OSMANOVIC, A. (2000): 'New Economic Geography', Globalisierungsdebatte und Geographie. In: Die Erde, 131, S. 241-257.
OTTAVIANO, G.; TABUCHI, T. & J.-F. THISSE (2002): Agglomeration and Trade Revisited. In: International Economic Review, 43, S. 409-435.
PECK, J. (2003): Fuzzy Old World: A Response to Markusen. In: Regional Studies, 37, 6&7, S. 729-740.
PINES, D. (2001): 'New Economic Geography': Revolution or Counter-Revolution? In: Journal of Economic Geography, 1, S. 139-146.
POPPER, K.R. (1973): Objektive Erkenntnis. Ein evolutionärer Entwurf. Hamburg.
PRED, A.R. (1973): The Growth and Development of Systems of Cities in Advanced Economies. In: Pred, A.R. & G. Törnquist (Eds.): Systems of Cities and Information Flows. Lund. (= Lund Studies in Geography, Ser. B, 38), S. 9-82.

ROBINSON, J. (1933): The Economics of Imperfect Competition. London.
RODRÍGUEZ-POSE, A. (2001): Killing Economic Geography with a "Cultural Turn" Overdose. In: Antipode, 33, S. 176-182.
RUIZ, R.M. (2001): The Spatial Economy: High-Tech Glossary or New Regional Economics? In: Nova Economia 11, S. 9-36.
SAYER, A. (1984): Method in Social Science. London.
SCHÄTZL, L. (2001 8.): Wirtschaftsgeographie 1. Theorie. Paderborn etc.
SCHMUTZLER, A. (1999): The New Economic Geography. In: Journal of Economic Surveys, 13, S. 355-379.
SCHUMANN, J.; MEYER, U. & W. STRÖBELE (1999 7.): Grundzüge der mikroökonomischen Theorie. Berlin, Heidelberg, New York etc.
SCOTT, A.J. (2000): Economic Geography: the Great Half-Century. In: Cambridge Journal of Economics, 24, S. 483-504.
SHEPPARD, E. (2001): How 'Economists' Think: about Geography, for Example. In: Journal of Economic Geography, 1, S. 131-136.
SOMBART, W. (1907): Der Begriff der Stadt und das Wesen der Städtebildung. In: Archiv für Sozialwissenschaft und Sozialpolitik, 25, S. 1-9.
STEGMÜLLER, W. (1974): Probleme und Resultate der Wissenschaftstheorie und Analytischen Philosophie. Bd. I: Erklärung – Begründung – Kausalität. Berlin, Heidelberg, New York etc.
STERNBERG, R. (1998 2.): Technologiepolitik und High-Tech Regionen – ein internationaler Vergleich. Münster, Hamburg. Wirtschaftsgeographie, 7.
STERNBERG, R. (2001 a): New Economic Geography und Neue regionale Wachstumstheorie aus wirtschaftsgeographischer Sicht. In: Zeitschrift für Wirtschaftsgeographie, 45, S. 159-180
STERNBERG, R. (2001 b): Perspektiven der wirtschaftsgeographischen Forschung in Deutschland im Lichte der "New Economic Geography". Working Paper No. 2001-02, Köln.
STOCKER, F. (2002 6.): Spaß mit Mikro. Einführung in die Mikroökonomik. München, Wien.
SUNLEY, P. (2001): What's Behind the Models? A Review of THE SPATIAL ECONOMY. In: Journal of Economic Geography, 1, S. 136-139.
TARRANT, J.R. (1973): Comments on the Lösch Central Place System. In: Geographical Analysis, 5, S. 113-121
THÜNEN, J.H. VON (1875 3.): Der isolierte Staat in Beziehung auf Landwirtschaft und Nationalökonomie. BRAEUER, W. & E. GERHARDT (Hrsg.). Darmstadt 1966.
ULLMAN, E.L. & M.F. DACEY (1960): The Minimum Requirement Approach to the Urban Economic Base. In: Regional Science Association, Papers and Proceedings, 6, S. 175 ff.
URBAN, D.M. (2001): The Spatial Economy: One New Economic Geographer's View. In: Journal of Economic Geography, 1, S. 146-152.

VENABLES, A.J. (2001): Geography and International Inequalities: The Impact of New Technologies. Discussion Paper No. 507, Centre for Economic Performance, London School of Economics and Political Sciences. London.
WEBER, A. (1909): Über den Standort der Industrien. Teil I: Reine Theorie des Standorts. Tübingen.
YEUNG, H.W. (2001): Does Economics Matter for/in Economic Geography? In: Antipode, 33, S. 168-175.

Anhang   Verzeichnis der Veröffentlichungen von J. Güßefeldt

(1971): Funktionsuntersuchung im östlichen Ammerland unter dem Aspekt der Neugründung eines Gymnasiums in Rastede. In: Neues Archiv für Niedersachsen 20, 2, S. 131-143.

(1975): Über ein probabilistisches Simulationsmodell versorgungswirtschaftlicher Interaktionsmuster. In: E. GIESE (Hg.): Symposium "Quantitative Geographie" Gießen 1974. Möglichkeiten und Grenzen der Anwendung mathematisch- statistischer Methoden in der Geographie. (= Gießener Geographische Schriften, 32) Gießen, S. 141-156).

(1975): Zu einer operationalisierten Theorie des räumlichen Versorgungsverhaltens von Konsumenten. (Empirisch überprüft in den Mittelbereichen Varel, Westerstede und den Bereichsausschnitten Leer und Oldenburg). (= Gießener Geographische Schriften, 34) Gießen.

(1976): Der Einfluß raumdifferenzierender Strukturen auf die Ausprägung menschlicher Interaktionssysteme. In: Tagungsberichte und wissenschaftliche Abhandlungen des 40. Deutschen Geographentages 1975 Innsbruck, Wiesbaden, S. 432-442.

(1976): Die räumliche Ordnung sozioökonomischer Strukturen in der Stadt Freiburg. In: Freiburger Geographische Mitteilungen 1/2,S. 37-78.

(1978): Die Graphentheorie als Instrument zur Beurteilung raumordnungspolitischer Maßnahmen. Dargestellt am Beispiel der Entwicklungsachsen von Baden-Württemberg und Bayern. In: Geographische Zeitschrift 66, 2, S. 81-105.

(1978): Probleme bei der Verwendung inferenzstatistischer Modelle in geographischen Arbeiten. (= Karlsruher Manuskripte zur Mathematischen und Theoretischen Wirtschafts- und Sozialgeographie, 26) Karlsruhe.

(1979): Die Bedeutung von Modellen in Forschung und Lehre der Geographie. In: Geographische Rundschau 31, 8, S. 322-331.

(1980): Konsumentenverhalten und die Verteilung Zentraler Orte. In: Geographische Zeitschrift 68, 1, S. 33-53.

(1980): Die Veränderung der theoretischen Grundlagen für Konzepte zur Entwicklung der Siedlungsstruktur in der Bundesrepublik Deutschland. In: Zeitschrift für Wirtschaftsgeographie 1/2, S. 22-33.

(1980): Die heutige Bedeutung der Theorie der Zentralen Orte. Einige Anmerkungen zu dem Buch von GÜNTHER HEINRITZ: Zentralität und zentrale Orte - Eine Einführung. In: Geographische Zeitschrift 68, 2, S. 132-136.

(1981): Some geographical aspects of the fallacy of contemporary factorial ecology. Karlsruhe 1981. (= Karlsruher Manuskripte zur Mathematischen und Theoretischen Wirtschafts- und Sozialgeographie, 52) Karlsruhe.

(1981): Chorologische Modelle - oder was ich nie dafür gehalten habe. In: Geographische Rundschau 33, 4, S. 166-167.

(1982): Die Rolle der Städte bei der Überwindung der wirtschaftlichen Unterentwicklung Irlands. In: Die Erde 113, S. 221-255.

(1983): Die gegenseitige Abhängigkeit innerurbaner Strukturmuster und Rollen der Städte im nationalen Städtesystem. Das Beispiel der sozialräumlichen Organisa-

tion innerhalb irischer Städte. (= Freiburger Geographische Hefte, 22) Freiburg, 411 S.
(1985): Belfast: Die Wirkung terroristischer Gewalt auf die Teilung der Stadt. In: Geographische Rundschau 9, S. 443-447.
(1985): KART. Ein Programmsystem zur Herstellung thematischer Karten mit dem Plotter. Mimeo, Freiburg,115 S.
& W. MANSHARD (1986): Urban systems, regional development and the extent of residential segregation. Further insights into the "Nature of Cities". In: M. P. CONZEN (Ed.): World Patterns of Modern Urban Change: Essays in Honor of Chauncy D. Harris. Chicago , S. 405-435.
(1988): Religionskonflikt in Belfast. In: " Diercke-Handbuch ", Braunschweig , S. 92.
(1988): Kausalmodelle in Geographie, Ökonomie und Soziologie. Eine Einführung mit Übungen und einem Computerprogramm. Berlin, 426 S.
& G. BEIER et al. (1988): Regionalplanung in Jinhua Provinz Zhejiang, VR China. Bericht und Evaluierungen eines Seminars, durchgeführt im Auftrag der GTZ. Berlin/Eschborn.
(1988) GraphGeo. Graphische Aufbereitung geowissenschaftlicher Informationen. Mimeo, Freiburg, 96 S.
(1989): Hintergründe zum Religionskonflikt in Belfast. In: "Diercke-Handbuch", Braunschweig, S. 125.
(1990): Änderungen der räumlichen Verteilung des Sozialstatus innerhalb Freiburgs i. Br. In: Alemannisches Jahrbuch 1989/90 Teil A, Freiburg, S. 305-320.
& H. SAURER (1991): Relief elements in models of heat stress on human beings. In: EGIS '91. Proceedings. Second European Conference on Geographical Information Systems., vol. I, Utrecht, S. 387-395.
& H. SAURER (1991): Die Ableitung von Relieftypen aus digitalen Höhenmodellen. In: GOßMANN, H. u. H. SAURER (Hg.): GIS in der Geographie. Ergebnisse des Arbeitskreises GIS 1989- 1991. (= Freiburger Geographische Hefte, 34) Freiburg, S. 119-139.
(1992): Die sozialstrukturelle Entwicklung von 1970 bis 1987 innerhalb Freiburgs i. Br. In: Geschichte der Stadt Freiburg i. Br., Bd. III, Hrsg. von H. HAUMANN u. H. SCHADEK. Stuttgart.
& H.-D. VON FRIELING & J. KOOPMANN (1993): Digitale Karten in GIS. (= Praxis Kultur- und Sozialgeographie, 11) Göttingen.
& H.-D. VON FRIELING & J. KOOPMANN (1994): Digitale Karten in GIS. In: Karlsruher Geoinformatik Report 1/94.
(1994): Entwicklungen der Zentralitätsforschung. In: Neues Archiv für Niedersachsen, 1, S. 21-38.
(1994): Die analytischen Fähigkeiten von GraphGeo.. In: Greifswalder Geographische Arbeiten, Bd. 11, Hrsg. von K. AURADA: Beiträge des 10. Kolloquiums für Theorie und quantitative Methoden in der Geographie (Göhren auf Rügen, 23.-26.02.1994). Greifswald, S. 114-128.
(1996): Hintergründe zum Religionskonflikt in Belfast. In: "Diercke-Handbuch", Braunschweig 1996, S. 145.
(1996): Regionalanalyse. Methodenhandbuch und Programmsystem GraphGeo (DOS). Buch mit CD-ROM. München, Wien 1996, 525 S. + 5 MB.

& H.-D. VON FRIELING (1996): Eine GIS-Anwendung zum Test der Theorie städtischer Bodenpreise und Einwohnerverteilung. Vortrag auf dem 11. deutschsprachigen Kolloquium für Theorie und Quantitative Methodik in der Geographie in Leipzig. in: MARGRAF, O. (Hg.): Theorie und quantitative Methodik.(= Beiträge zur Regionalen Geographie, 42) Leipzig, S.46-59.
(1996): „Zentralitätsforschung". Diskussionsanreize zur Evaluation des Studiensystems Universität. Mimeo, Göttingen, 97 S.
& H.-D. VON FRIELING (1997): Thesen zur Stadtforschung - Perspektiven für die Zukunft. In: Göttinger Geographischen Abhandlungen, 100, Göttingen, S. 79-107.
(1997): Belfast: Vereinigung möglich? In: HGG-Journal 11, S. 19-38.
(1997): Zentrale Orte. Ein Zukunftskonzept für die Raumplanung? In: Raumforschung und Raumordnung 55, 4/5, S. 327-336.
(1997): Grundsätzliche Überlegungen zu Regionalisierungsmodellen. In: Geographische Zeitschrift 85, 1, S. 1-19.
(1998): Regionalisierungsmodelle in GraphGeo. In: Karlsruher Geoinformatik Report 1/98, S. 7-12
(1999): Regionalanalyse. Methodenhandbuch und Programmsystem GraphGeo (WIN). Buch mit CD-ROM. München, Wien. 2. Auflage, 525 S. + 20 MB.
& C. STREIT (2000): Disparitäten regionalwirtschaftlicher Entwicklung in der EU. (= Cege-Diskussionsbeiträge, 5) Centrum für Globalisierung und Europäisierung der Wirtschaft, Göttingen, http://www.cege.wiso.uni-goettingen.de/diskussion.htm
(2001): GraphGeo Version 4.8. Göttingen 2001. http://www.sub.uni-goettingen.de -> Digitale Bibliothek – Elektronische Bücher und Volltexte – Q. Geographie.
(2001): Globalisierung und Geographie. In: Rundbrief Geographie, 170, S. 16-17.
(2002): Die räumliche Dimension des nordirischen Konflikts in Belfast. (= Göttinger Geographische Abhandlungen, 109), Göttingen.
(2002): Nationalitätenkonflikt in Belfast. In: "Diercke-Handbuch", Braunschweig 2002.
(2002): Zur Interdependenz von wirtschaftlicher Entwicklung und Städtesystem. In: Geographische Zeitschrift, 89, 4, S. 195-210.
(2002): Güßefeldt, J.: On the interdependence of economic development and city systems. Göttingen, 18 S., http://www.geogr.uni-goettingen.de//wigeo/INTERDEP.pdf.
(2002): Zur Modellierung von räumlichen Kaufkraftströmen in unvollkommenen Märkten. In: Erdkunde, 56, 4, S. 351-370.
(2003): Hintergründe zum Nationalitätenkonflikt in Belfast. In: "Diercke-Handbuch", Braunschweig 2003, S. 162-163.
(2003): Zur Folgenabschätzung staatlicher Infrastrukturmaßnahmen. In: CeGE-Report, Februar 2003, S. 3.
(2003): Empirische Aspekte einiger Modelle der "New Economic Geography" im Kontext jüngerer Entwicklungen des Einzelhandels. In: Die Erde, 134, 1.S. 81-110.
(2005): Die Raumwirtschaftstheorien von Christaller und Lösch aus der Sicht von Wirtschaftsgeographie und "New Economic Geography". (= Göttinger Geographische Abhandlungen, 114), Göttingen, 124 S.